小店经济

社区小店凭什么持续获利与快速裂变

Community Shop Economy

喜抱研究中心 ◎著

中国经济出版社
CHINA ECONOMIC PUBLISHING HOUSE

北京

图书在版编目（CIP）数据

小店经济：社区小店凭什么持续获利与快速裂变 / 喜抱研究中心著． -- 北京：中国经济出版社，2025.7．
ISBN 978-7-5136-8249-7

Ⅰ．F713.32

中国国家版本馆 CIP 数据核字第 2025P2A318 号

总 策 划	五点零
特约编辑	袁啸云
策划编辑	崔姜薇
责任编辑	贾轶杰
责任印制	李　伟
封面设计	久品轩

出版发行	中国经济出版社
印 刷 者	北京艾普海德印刷有限公司
经 销 者	各地新华书店
开　　本	880 mm × 1230 mm　1/32
彩　　插	0.5
印　　张	8.5
字　　数	144 千字
版　　次	2025 年 7 月第 1 版
印　　次	2025 年 7 月第 1 次
定　　价	58.00 元

广告经营许可证　京西工商广字第 8179 号

中国经济出版社 网址 (http://epc.sinopec.com/epc/　社址 北京市东城区安定门外大街 58 号　邮编 100011
本版图书如存在印装质量问题，请与本社销售中心联系调换（联系电话：010-57512564）

版权所有　盗版必究（举报电话：010-57512600）
国家版权局反盗版举报中心（举报电话：12390）　　服务热线：010-57512564

本书编委

邵世海　周宏明
丁国维　经　涛　袁啸云　林佳佳

特别鸣谢

土志海　徐文一　龚建华　梁玉萍
吴永贵　叶健华　阙　超　林　备
宋　毅　袁　震　徐加茂　黄远林

前 言
零售创业的机会在哪里?

邵世海 / 文

我做生意几十年,算是创业老兵了。早些时候过了几年好日子,很多合作伙伴都跟着挣了钱,也有了基础的团队和一批优质客户。这几年,特别是去年和今年,我感觉日子比较艰难了,基本特征是低增长、低收入、高失业率。这是一个特别的时期,我们看到的大环境是"百年未有之变局",大方向是"转型阵痛期",大道理是"行业红利消失,存量竞争,持续内卷",大白话是"钱不好挣了"。

我们该怎么办?我们到底还有没有机会?可能的机会在哪里?著名经济学家哈耶克崇尚经济自由和市场竞争,他认为,市场是一个复杂的自适应系统,就像自然界的生态系统一样,能够自我调节和进化。作为零售行业的资深从业者,我的

小店经济：
社区小店凭什么持续获利与快速裂变

基本判断是，变化无处不在，机会无处不在。我们要始终坚持学习进步，要始终对市场充满敬畏。这些年，我们在商业模式上思考得很深入、很超前，在实践层面也做了充足的准备。自2024年以来，我们在商业模式和运营模式上做了很大的调整与变化，在实践层面也有了一定的成果：两个截然不同的数字化业务体系，在小店经济模式之下，已经支撑了超过3000家社区小店的正常运转，超过九成的社区小店在新店开业的3个月之内实现盈利。未来，我们要对社区小店的实践提出更高的期望和要求，要求在新店开业3个月之内实现盈利的比重是99%，确保开一家成一家。

我们建立了强大的门店赋能系统：数字化社群、私域直播间、小数据中台、超长供应链……整个体系，前端是社区小店，作为信任入口和数据入口，服务客户的物理空间；线上是数字化社群，每个进入我们社群的客户都能建立起对小店的信任关系；私域直播间，为客户提供极致性价比的各种类型产品，持续复购增进信任度；小数据中台，每个店长都是信任关系的重要节点，都可以在体系里获得有用的内容和有效的经验；超长、超全面的选品系统和供应链体系，构建了一个门类多样的全品云仓，为客户提供长期稳定的高品质商品与服务……这些基于数字化能力构建的体系化的打法，让社区小店不再单打独斗，而是融入社群生态之中，在运营实践中有无限的拓展空间。

一、天时：这是最好的机会，也是最后的机会

日子艰难了，给了一些人躺平的理由。确实，如果没有找到正确的方向，如果没有匹配有效的方法，瞎折腾还不如躺平。近些年，有些人卖产品挣了点儿钱，就想做大做强，贸然去干餐饮、搞养殖、开工厂、盖大楼，把轻资产的事情干成了重资产，把简单的事情搞复杂了，传统思维加上盲目冲动，结果没有一个干成的。

经济形势好不好，跟微观市场并没有必然的联系。我们不能躺平，也不能盲干。这几年，我们坚决地推进数字化的转型实践，琢磨出了一些成果，数字化为我们提供了强大的工具箱。我们用信任关系干零售，加上数字化工具，还有很多方法与机会。过去一年，我们倡导的小店经济模式在风格各异的细分市场中逐渐崭露头角，这并非偶然，而是精心布局与充分准备的成果。

其一，社区小店服务的是存量客户，从存量中找增量。零售一直在创新演变，从最早的卖货郎、小商铺发展到商超、大卖场，再发展到电商、直播平台，不断地往前走，靠的是技术创新与驱动。零售发展到今天，依托数字化技术持续创新，私域电商与直播电商的业态形成了，很多人就认为私域直播是新的风口。其实不然，零售最关键的是客户信任关系，数字

小店经济：
社区小店凭什么持续获利与快速裂变

技术是为促进客户信任关系而服务的。若没有信任关系，叠加再多的技术也无济于事；而有了客户信任关系，数字化工具就是辅助，如虎添翼。我们认为，零售的最新形态是在数字技术的支持下，依靠人与人之间的信任关系实现商品交易。小店经济的模式，不是销售方式的回归，而是零售模式的进化，是把社区小店作为与客户构建信任关系的纽带。社区小店不仅是交易场所，还是与客户交流与连接的纽带。小店经济经营的是存量客户，并在存量中寻求增量，与经营流量客户的门店模式风格迥异。一个社区小店的成功，依赖的是与周围居民的长期互动，而非简单的促销策略。

其二，社区小店距离客户更近，深耕"缝隙市场"。要知道，社区经济其实并非空白市场，竞争一直非常激烈。我们看到，如全家、罗森、7-11、美宜佳等社区便利店离用户很近（辐射周边 1~3 千米的范围），标准化管理，全天候营业，一直也活得不错。我们也看到，诸多大商超、大平台、大资本都在想方设法地抢占社区经济的红利，各种物流仓、前置仓、工厂仓用来解决消费者"最后一公里"的问题和满足即时消费（如美团和京东的前置仓，都承诺 30 分钟送货到家）。这些消费模式虽然跟社区小店的方式完全不一样，但抢占的都是同一类型的消费空间。我们不是最聪明的，也不是最勤奋的，更没有大的资本，所以不可能有所谓的空白市场等着我们去占据。我们只有那些别人看不上、看不起、看不懂的"缝隙市场",去深耕、去开拓。社区小店服务的是周边 300~500 米的社区居民,在空间距离上无限贴近消费者。小店服务的就是小区内部的居民,以用心服务与长期服务构建信任关系。别的小区、别的街道有别的社区小店为其提供服务,足够亲近,足够便利。这样的消费场景跟社区现有的农贸市场、便利店、蔬菜店、水果店、小吃店、理发店等一起,本身就是社区生活的组成部分,构成了社区居民消费生活的日常。社区小店的"最后一公里"并非传统意义上的物流空间距离,而是消费者与门店之间的心理距离。在实践中,真实的空间距离要短得多,300~500 米是一个能够贴近消费者的合适距离,而心理距离的缩短需要通过日常互动实现。经过一段时间的运营,店长需要熟悉客户的名字、消费习惯和个性化需求,适时提供精准的推荐服务。如果说在全家、7-11 和客户之间还存在一个"缝隙市场",那就是我们的社区小店。

其三,社区小店经营的是刚需高频的生活消费,几乎不受影响。若经济形势好,居民收入水平稳定,家庭总支出是持续上升的,在吃、穿等日常基础生活消费得到保障的基础上,还会用余钱进行投资、装修、买车、旅游、购买奢侈品等大额消费;若经济形势不好,居民收入水平降低,家庭支出也必须压缩,这时候,减少的一般是奢侈品、旅游、装修、买车等大额消费,而日常生活消费基本上没有变,还是大致保持在原来

小店经济：
社区小店凭什么持续获利与快速裂变

的水平。这就是说，居民的日常生活消费是"刚性需求"，基本少不了的，其实宏观的经济波动对基础生活消费的影响没有那么大。这也是各路资本和平台近年来仍在下沉市场布局创新，积极抢夺社区经济的根本原因。当然，这些日常生活消费品竞争也很激烈，客户在哪里买都是买，网上购物也很方便。如果为客户提供多一种选择——"品质更好，价格更优，服务更用心"，我们有没有机会？答案是肯定的。社区小店通过频繁交易、反复交易，可以持续增强客户的信任度，而我们和消费者的信任关系就是核心竞争力。现在，我们用社区小店的模式，有理念、有方法，也有底气在社区经济的市场中争取一定的份额。

这恐怕是最后一块依然有发展红利的消费阵地，具有很大的想象空间。当我们真正面向广大社区居民，切入高频、刚需的日常生活消费中，就开拓了一份全新的事业，这是一项天花板更高、潜力更大的事业，至少可以再做5~10年。当然，不少平台、资本、机构都在关注社区经济。理论上，一个小区居民人数是固定的，消费总额也是基本固定的，那么，为他们提供服务的社区小店也是有限的，我们不去抢占，别人就会来抢占。过两年，商业模式成熟，很多人就会纷纷效仿，运营成本必然会不断提高。现在，想要跳出包围圈、跳出舒适圈，小店经济可以说是最好的机会，也是最后的机会。

二、地利：更小的门店，更强的打法

当前市场环境下，线上的流量红利期结束了，互联网讲究"赢家通吃"，为数不多的存量被几个头部大平台占据和分割干净，我们没有任何机会。流量成本日益高涨，对于绝大多数创业者而言，只会越来越艰难。流量机会必然逐步回归到线下，回归到私域。

社区经济的兴起标志着流量经济的最后一波机会。这种机会并非来自传统的线上公域流量，而是通过社区和社群模式开辟的私域流量。建门店、抢地盘，就是争夺线下的消费场景，争夺某个街道、某个社区的消费流量。这是一条全新的赛道，而我们正站在这场竞赛的起跑线上。流量经济的核心是"获取流量"，以及"如何留存和转化流量"。社区小店作为连接客户和商品的最后触点，拥有天然的信任基础和高黏性的消费场景，是自然流量的重要入口。例如，一个社区小店覆盖 2000 户居民，通过日常高频互动，可以将传统零售难以捕获的消费者转变成忠实客户。

这将是一次轰轰烈烈的商业模式变革，它不仅是理念创新与技术驱动，还是消费模式与消费习惯的转变。通过小店经济运营模式，客户与小店的连接从偶尔变成常态，从流量变成存量。面对这最后一波市场红利，如何抓住机会并持续优化

小店经济：
社区小店凭什么持续获利与快速裂变

运营模式，是在竞争中胜出的关键。流量，也从一个数据回归到一个活生生的人，他们的需求分散在各个城市、各个街道和各个社区，具体到某个街道、某个小区，物理空间依然是有限的，你占了一个位置，别人就进不来了。这个时候，互联网那一套"赢家通吃"的规律就不灵了。中国幅员辽阔、人口众多，有多少城市、多少街道、多少社区，我们就有多少机会。我们要先人一步在社区建立"根据地"，抢占最后的消费空间和增长机会。

（一）门店如何做小做强

社区经济有独特的商业逻辑，小店经济的基本特点就是"门店做小，小店做多，小店做强"。社区是一群人的居住和生活场所。社区门口是大家出入社区的必经之地，是社区流量聚集地，我们要围绕社区流量去开设门店。一句话，社区小店要开在对居民友好、方便（居民取货方便、来往方便）的地方，融入社区生活之中。

第一，门店要做小。我们不是货架式零售，大空间没有那么重要，满足基本功能即可。门店做小也是为了控制成本和风险，方便小店经营和复制、裂变。门店是建立信任关系的重要一环，是信任的入口，是数据的入口。原来我们把社群理解成微信工作群、同学群、兴趣爱好群，现在我们把它更加具象化，就是社区小店购物群。某个城市街道、某个小区门口，有个门店可以把服务落地，可以提供各种各样的生活便利。小店跟社区、街道相关联，在社区里面做数字化社群，就是真正的私域社群，更有精准度。而且，门店做小了，不仅投资成本低、运营成本低，管理也简单。我们主张"1人1店"，一个店长就可以把店开起来，把客户服务好。总部直接面向店长，专业的市场督导会为小店提供日常运营上的各种支持。小店运营不需要什么管理，也没什么从业门槛。我们主张"不要学历、不要经历，只要努力"，在实践中，很多行业"小白"只要肯干肯学，很快就能成为店长。很多小店是一个店长配一个助理，就配合得很好了，店长助理在店里实践和学习，店铺裂变的时候，店长助理就是新的店长。可以说，这种模式不仅门槛低、风险小，还见效快，给了许多年轻人全新的创业机会。

第二，小店要做强。如果只依赖那么点儿物理空间，按照传统零售模式，小店肯定干不起来。社区小店要想做成功，离不开强大的数字化工具和系统支持。从表面上看，小店只是一个独立的销售点，但实际上，它背后依托的是一整套数字化运营和资源整合的体系。这种强大的后台支持是小店能够高效运转并持续盈利的核心原因。首先，私域社群是小店的关键环节，所有的客户都能进群，并把消费记录留存下来。其次，直播赋能是小店的重要工具。通过直播，小店能够转化潜在的消费群体，并通过实时互动提高消费黏性。再次，云仓的支持让小店不再需要大规模囤货，大幅降低了库存成本。商品可以直

小店经济：
社区小店凭什么持续获利与快速裂变

接由工厂发货，减少中间环节，提高效率。最后，数字化工具，如 POS 和小程序为小店提供了全面的运营数据支持。店主可以通过这些工具实时了解销售数据、库存状况和客户行为，进而优化店铺的运营策略。未来，随着 AI 技术的引入，小店还可以实现智能化的客户分析和精准营销。

（二）三个层级的直播赋能体系

以社区小店为基础，我们构建了中央直播间、地方直播间和店铺直播间三个层级的私域直播体系。首先，中央直播间由南京总部组建，面向全国各地社区小店的私域客户，提供标准化的各类厨房生活用品和方便储存运输的食品。以 V 厨小店为例，我们有早间（每天上 V 厨）、午间（V 厨星光大道）两档各 1 小时的直播，还有不定期的"V 厨海淘"直播间。店长把直播链接分享到群里，客户可以点击链接进入直播间。客户下单购买后，由厂家直接发货至门店，货品到达后，店长通知客户到店取货。客户还可以在店里直接开箱验货，有任何问题随时退款退货。V 厨中央直播间运营半年多，有两个数据值得特别强调：一个是平均观看时长，1 小时的直播，平均观看时长能达到 40 分钟；另一个是订单转化率，最低的超过 30%，最高的甚至接近 90%，平均 40% 左右。这样的直播效果，相较于公域直播间，简直是碾压式的存在。

其次，地方直播间也在地区合作伙伴的组织下如火如荼

前 言 | 零售创业的机会在哪里?

地开展起来。南京、苏州、合肥、徐州、金华、贵阳、南宁等地结合地方特色,在直播间为客户提供生鲜肉类、蔬菜瓜果等应季商品,以满足社区居民日常生活的消费需求。蔬菜、水果、肉类都为居民日常所需,产地供货,既价格实惠,又足够新鲜,此类直播和团购效果非常好。在南京,一次由8家小店参与的阿克苏苹果社群团购,店均销售量超过2000斤,最高的有4000多斤,而且客户主动在社群和直播间里要求返场、复购;在徐州,20家社区小店的客户,通过一次西瓜的产地直播,可以把当地瓜农两个大棚里近万斤的西瓜抢购一空。随着各地社区小店的运营实践,区域化的爆品层出不穷,类似案例比比皆是。

最后,店长也可以成为主播,开启店铺直播间。我们建议,每个店长都应该走进直播间,与自己的客户面对面地进行情感交流,以及商品推荐,这才是我们认为的私域直播。店长(大C)是离客户最近的人,其应该最懂客户的需求,并能够及时响应客户的反馈。我们的最终目标是,每个店长都是主播,都是客户的选品官,应该向自己的客户推荐符合其需求的商品,千城万店直播。

特别地,三级供应链体系仅中央直播间和供应链由南京总部组建,地方直播间和店铺直播间都秉持开放、共享的原则,由合作伙伴完全自行组建,总部会做好小数据中台、小程序和直播链接等数字化支持。

小店经济：
社区小店凭什么持续获利与快速裂变

（三）"一专多卖"超长供应链体系

小店经济还有一个显著的特点，即通过"一专多卖"满足消费者的多样化需求。从表面上看，我们是一个小店，其实我们的能力和可拓展的空间一点儿也不小。首先是"一专"，小店有一个专业化的形象与标签，如V厨小店专注于厨房生活、冠羚大集专注于羊奶养生。其次是"多卖"，从生存产品、生活用品、旅游服务到跨境商品、营养第四餐，随着消费者信任关系的积累，小店完全可以按照消费需求进行选品，这极大地拓展了我们的运营空间。

依托数据能力，社区小店通过分析居民的需求，动态调整商品组合，从而实现更多的销售机会。这种模式不仅让小店在激烈的市场竞争中占据一席之地，还通过灵活的商品布局和精准的运营策略形成了独特的竞争力。因此，"一专多卖"的社区小店并不局限于任何单一产品或单一品类。在实践中，只要客户有需要，社群里接个龙、直播间里上个链接，理论上什么都可以卖。因此，看起来毫不起眼的社区小店，却能够为居民提供可定制、可拓展的消费服务。此外，交易频次是客户信任关系的最好体现。一个每周光顾小店3~4次的客户，显然比每月只来1次的客户更有价值。在实践中，有的社区小店客户的到店频次非常高，很多客户每天都来，上午来看看，下午来坐坐，1个月到店能够多达60次。通过不断提升交易频次，小店不仅能增加销售额，还能巩固与客户的长期关系。

社区小店不仅是销售新产品的窗口，而且是传统产品焕发新生的平台。通过重新定义传统产品的使用场景和销售方式，小店能够为这些产品注入新的活力。小店还通过内容营销让传统产品更贴近消费者的日常生活。例如，店长可以在社群中分享使用心得或科普知识，进一步增强消费者对产品的信任和兴趣。此外，通过各级各类型的私域直播间，传统产品的传播范围得以显著扩大。这种创新的销售方式让传统产品从过去的单一渠道拓展到多维场景。无论是生鲜、日用品还是营养品，通过小店的精准运营，消费者的认知和购买行为都会有效地提升。这种模式不仅让传统产品焕发新机，也为小店创造了更大的价值空间。

如今，有了一定数据规模作为基础，我们能够跟供应商一起向我们的客户庄严承诺：所有的售后（退货、换货、退款等）问题，7天无理由退货退款。客户随时将有问题的商品拿到店里，我们1秒钟解决，没有任何纠结。小店经济模式，赚钱很容易，亏钱几乎没可能。一段时间之后，通过数据的沉淀和流转，小店可以在客户端和产品端拥有不断地优化升级、无限拓展的空间。因为有数字化、体系化的强大支撑，我们才能持续为客户提供"质优价廉"的各类商品，提供绝佳的购物体验，不仅让客户留下来，而且能持续增进我们和客户之间的信任关系。

小店经济：
社区小店凭什么持续获利与快速裂变

三、人和：小店经济是一场彻底的组织变革

事业要持续拓展，靠的是人。我们的事业陷入发展瓶颈，根本原因不是缺产品、缺钱，而是缺人。社区小店的运营核心并不是简单地卖货，也不是数字化工具的使用，而是一场深刻的管理与组织革命。这种变革体现在管理模式的变化上，以减少管理层级、释放个体潜能为核心。传统的团队管理注重层级分明，如今一个人便可独立运营一家小店，最大化地展现个人能力。这种革命本质上是一个体系对一个人、一家店的赋能。一名员工成为店长，不仅能发挥其主观能动性，自我驱动和自我管理，还能进一步挖掘和释放自己的潜力，如善于和乐于跟客户打交道。这种方式极大地简化了组织结构，让管理更高效、更灵活。此外，这场革命还带来了具有"可复制性"的创新。每一家小店都成为一个独立且高效的经营单元，一家小店的成功经验和做法，可以被快速复制到其他社区或区域，从而让整个组织持续焕发新的生命力。

从根本上说，人与人是不一样的，素质有高低、能力有差距。我们的传统管理模式主张标准化、制度化，表面上看简化了流程，提高了效率，实际上却很难有效地对每个人进行驱动。三五个人的小团队好管理，十几个人、几十个人、几百个人的团队，需要的管理方式和能力必然完全不一样，难度

很大。一个团队人数越多，管理难度越高。每当管理能力不够时，一些老板就开始做企业文化，谈道德、谈感恩、谈奉献，用以加强团队的凝聚力。这些东西不能说没有用，但根本地，我们还是要把管理难度降下来，把工作责任分配清楚，把利益关系梳理清楚。

小店经济在组织管理上要少谈感情、少谈感恩，多谈责任、多谈利益。一个基本的原则是，权力、责任和利益要相互匹配。因此，逐步推动合伙人制度，逐步去中心化，才是我们的必由之路。社区小店，一两个人的小团队，几乎不用管理。店长就是合伙人、就是老板，店长助理是未来的店长，只要把钱分好，就能干好。小店面对的是消费者的前端，后台有强大的数字化支撑体系。对于店长来说，只要把客户对接好、服务好就可以，相关的选品、内容、营销、财务、直播等环节，都可以在小数据中台上完成。而且，一家成功的小店其模式可以快速复制到其他社区，每家新店都能根据当地的需求调整商品和服务，从而实现个性化运营。店与店之间、地区与地区之间，大家面对的是不同的客户，交流起来没有隔阂，店长之间相互学习和借鉴将成为常态化工作。我们建议，根据不同地区的实际情况，既可以按营业额做梯度分红，也可以直接参股，关键是要让店长有创业当老板的感觉。

小店裂变是一种解决存量焦虑的有效方法。通过将组织结构分解成更小的经营单元，每个单元都能独立运营并承担责

小店经济：
社区小店凭什么持续获利与快速裂变

任，从而释放出更大的增长潜力。例如，一名店长可以通过带动亲友开设更多小店，形成一个裂变式的区域商业网络。这种裂变模式的优势在于，每个单元都有更高的自主性和灵活性。裂变出的新店主不仅是经营者，也是利益的直接分享者，这种机制大大提高了店长参与的积极性。通过快速裂变，小店的网络效应将得到最大化的发挥。需要强调的是，利益分配是构建信任与推动裂变的基础，而富足心态是做好利益分配的关键。在小店运营中，富足心态不仅能让参与者感到公平，还能激励更多人加入小店生态中。在分配时，不仅要考虑投入和贡献，还要为未来的增长预留空间，让每个人都能看到收益的持续性。我们鼓励"店铺裂变"，一变二、二变四，投资人的股份可以再降权，让更多年轻人参与进来，速度会很快。对于现有社区生活消费的场景，小店的综合打法打破了原有的利益格局。数字化技术的创新与颠覆推动商业模式不断演变，人与人的关系要以一种和谐的、符合人性的方式去调整。我们用"社区小店"的方式去拓展开店，大大地降低了管理难度，人人都能干，还能干好。

四、存量经济时代的增长逻辑

在当今竞争激烈、持续内卷的环境下，创业不简单，可以说是九死一生。我们所在的零售行业，曾经从线下卷到线上,一批线下门店倒闭,如今又从线上卷往线下,估计又有一批线下门店关门。在一些电商平台上,商家利用机器算法和智能推荐,他们选品的基本逻辑就是"全网最低、低价平替、价低者得",逼疯自己、逼死别人。恶意低价将造成严重的后果,如果商家连成本都覆盖不了,相关产品或服务必然被减配、降权,最终受到伤害的还是消费者。某些平台价格过度竞争,不愿妥协的优质供应商被迫退出,劣币驱逐良币,消费者选无可选。

我理解的"私域"可能跟大家的不大一样。所谓的"私域",私是私有,小店是店长私有的,客户是小店私有的,通过合伙人的制度设计可以约定小店的股权与归属,通过去中心化的制度设计可以约定用户关系的私有化权属;域是区域范围,小店的服务区域一般就在小店周边300~500米的范围,只有在这个范围内的客户才是私域客户。偶尔路过的客户,偶然成交的客户,在严格意义上,都不算是精准的私域客户。从这个角度来看,社区小店就是店长私域运营的场,店长跟每个客户都是见过面聊过天的,都是有一定信任度的。店长基于自己的私域客户进行的社群组建才是私域社群,进行的团购秒杀才是私域团购,进行的直播推荐才是私域直播。有了私域,才有后端的一切动作;若没有私域、没有信任,所有这些动作都将是无本之源,不可长久持续。

我们要快速完成从产品思维到数据思维的转变。在存量

小店经济：
　　社区小店凭什么持续获利与快速裂变

经济时代，基于客户消费习惯的数据资产只会越来越值钱。当然，数据只有被使用时才能真正成为资产。我们的合作伙伴拥有一定规模的客户数据，但如果没有加以科学的分析和利用，这些数据只是沉睡的资源。通过有效地使用数据，我们可以更好地理解客户的需求，优化运营策略。比如，通过分析客户购买记录，我们可以预判哪些商品在特定时间段会有较高需求，从而提前调整库存。这种数据驱动的运营方式，不仅降低了库存风险，还能提升商品周转率。此外，数据的使用还体现在精准营销上，向某些客户推送个性化的促销信息，或根据客户消费习惯向其推荐相关产品。这种基于小数据（客户数据）的发展战略，不仅能提升转化率，增强客户的消费体验，而且是做长期可持续增长的必由之路。

　　我们做企业，要有格局和眼光，既能见微知著，也能通盘考虑。我们面临的是一千个节点，哪一个节点都不能出错，某一个节点错了，可能就败了。我们通过小数据构建起来的"小店经济"商业模式，主张价值共创和财富共享，坚守长期主义和微利主义，吸引更多的创业者加入进来，为社区居民的日常生活消费提供便捷的服务。数字化技术带给我们的不是一味地"降本增效"，而是让我们有机会与客户建立双向沟通的实时连接，让我们有机会与客户建立最基本的信任关系，让我们有机会在存量中寻求增量。我们不卷流量、不卷价格，也不卷服务，在小数据中台的支持下，我们每一名店长都有机会成长为客户的"选品官",精准地为客户提供优质的产品和服务。长期经营下来,大家自然而然地就能实现盈利。

社区小店的崛起,不是某个单一销售模式变化,而是构建起了一种万店互联的整体零售生态。小店快速复制裂变,将形成适度规模化的网络效应,每一家小店都不是孤立的,而是通过数据和系统的互联成为整体网络的一部分。社区小店的力量在于客户信任关系的实时连接,每一家小店不仅服务于所在的社区,还通过直播、社群和共享数据系统连接到更大的商业网络。这种模式推开了一扇全新的商业大门,让零售模式迈入了新的时代。

我喜欢爬山,感觉创业跟爬山有很多相通之处。首先,以终为始,科学地设定目标很重要。我选择爬哪座山、多高的海拔、什么时候去、跟谁一起去,这些都是目标,内容要尽可能量化。要科学评估自己的条件、状态和经验,以及在什么时间、什么气候条件下,究竟能不能成行。其次,目标要循序渐进。难度要逐级提升,不可能一蹴而就。我从征服海拔 3000 米的山峰,到海拔 4000 米的山峰,一座座实践过来,现在已经到了海拔 5000 多米的山峰。接下来,我要考虑海拔 6000 米以上的山峰,也要及时评估一下,自己具备什么条件,有没有机会拿下。如果我训练了,可能征服的海拔高一点;如果不训练,可能征服的海拔低一点。最后,攀登顶峰只能靠自己。决定开始爬山了,走在路上了,我会提醒自己,不

小店经济：
　　社区小店凭什么持续获利与快速裂变

　　往前看、不往后看。往前看目标渺茫，徒增烦恼；往后看耽误时间，于事无补。在爬山的路上，也不用看别人，各人有各人的方法和节奏，关键时刻谁也帮不了你，能不能实现目标、登上顶峰，只有靠自己。我的经验是，默默数着自己的脚步，每一步都是成长，都是前进。只要坚持下来，你会发现，一个目标又一个目标，原先看起来高不可攀的目标，在默默努力的过程中很自然地就实现了。

　　小店经济即将或正在掀起一场新零售的变革浪潮，不论是主动还是被动，我们都将被卷入其中。与其作为围观的看客错失良机，不如做躬身入局的实践者和奋斗者，参与价值共创，也参与财富共享。

　　愿与诸君共进、共创、共勉。

目录 CONTENTS

序　篇　小店经济的新时代开始了　　　001

小店的模式创新

第一章　转型的起点　　　011

第二章　体系化设计　　　026

第三章　数字化社群　　　037

第四章　私域的直播　　　054

小店的实战案例

第五章　兰州小店突围　　　069

第六章　临沂小店求变　　　078

小店经济：
社区小店凭什么持续获利与快速裂变

第七章　金华小店首开	086
第八章　武汉小店崛起	097
第九章　合肥小店变招	111
第十章　南京小店维新	118
第十一章　苏州小店集合	129
第十二章　徐州小店裂变	140
第十三章　贵阳小店爆发	150

小店的运营策略

第十四章　小店的选址经验	161
第十五章　小店的选品逻辑	181
第十六章　小店的用人智慧	201
第十七章　小店的科技赋能	220
尾　声　我们正在定义"新零售"	229

| 序 篇 |

小店经济的新时代开始了

自 20 世纪 90 年代至今的 30 多年来，互联网对我们的生活和工作产生了必然的影响，这种影响不仅体现在数字化和网络化的普及上，更重要的是它重新构建了社交关系的结构和系统，让人们通过数字化工具前所未有地联系在一起。就零售变革而言，数字技术持续驱动的结果是，人与货相连、人与场相连、人与人相连。零售迭代和进化的底层逻辑就在于效率更高、成本更低而体验更好。特别地，当技术连接持续进化成信任连接，这种人与人之间社交关系的网络就转化成信任关系的网络，人联网出现了，新的历史开始，新的零售模式出现，围绕人、货、场的重构，从底层逻辑到商业实践全都不一样了。

站在 2025 年的今天，回溯中国商业文明史，中国零售业的发展历程随着经济与社会的发展而波澜起伏。从时间

小店经济：
社区小店凭什么持续获利与快速裂变

的长轴上看，这条贯穿千年的商业脉络，从农耕文明时热闹的街坊市集，到工业化和城市化的商场超市，到互联网浪潮中的电子商务，再到数字经济时代的新零售，中国零售业在漫长的历史长河中实现了一次次螺旋式的向上突破。若将视野进一步拓宽至更为深邃的历史纵深，会发现中国零售业的演变轨迹始终围绕着两条脉络在创新更迭：一条是科技创新，这是显性的脉络；另一条是客户关系，这是隐性的脉络。两条脉络紧密相连、相互交织，按照不同的商业逻辑驱动零售变革与创新，推进零售发展进化。近年来的零售革新都是围绕着互联网技术进行的，无论是早期的电子商务，还是后来的社群、直播，其背后都能看到技术变革重构客户关系、驱动零售发展的蓬勃力量。尤其是2012年以来，移动支付的普及率从不足5%一路迅猛飙升至86%，中国这个全球规模最大的统一市场，正借助数字化手段，深度重构整个零售生态体系。

当前，身处百年未有之大变局，中国零售业也经历着一场前所未有的范式变革。当14亿多人口消费升级的强烈需求与5G、AI、物联网等前沿技术浪潮激烈碰撞时，便催生出直播电商、即时零售、智慧商店、私域直播等诸多在全球范围内都具有开创性的零售业态。波士顿咨询的研究数据显示，中国零售业的数字化渗透率已高达35%，远远超出全球平均水平。这样的创新成果并非单纯的技术堆砌，而是依托"全国统一大市场"这一独特的制度优势——在供给侧结构性改革与需求侧管理协同发力的过程中构建起的具有中国特色的独一无二的行业生态。如今，中国已傲然成为仅次于美国的全球第二大经济体，中国特色社会主义政治与经济制度释放出巨大红利，加之单一消费市场展现出的磅礴需求与无限发展潜力，为零售行业的进化提供了得天独厚的创新土壤、广阔的变革空间以及丰沛的资源条件。正如诺贝尔经济学奖获得者梯若尔所评价的："中国正在撰写数字经济时代新零售范式的权威教科书。"

然而，硬币的另一面不容乐观。

人们惊觉，一夜之间，习以为常的市场红利没有了，持续增长突然消失了。现实商业世界已然发生了翻天覆地的新变化。曾经拉动中国经济增长的传统逻辑发生了根本性转变，那些一度驱动我们高速发展的制度红利、人口红利、环境红利、技术红利等，已如潮水般渐次退去。消费需求增长的普遍红利已然不再，流量成本持续高企，消费降级与消费升级在不同人群中同时存在，越来越多的经济现象清晰地表明，我们已然全面步入存量经济时代。流量红利已经消失，市场规模增长有限，全行业的需求净增长陷入了停滞，零售企业之间的竞争越发激烈。线上电商平

小店经济：
社区小店凭什么持续获利与快速裂变

台不断拓展业务边界，线下实体店铺也在努力转型升级，新兴的零售业态，如社区团购、无人零售、智慧零售、私域直播等不断涌现，各类型零售主体为争夺有限的市场份额，竞争手段日益多样化，内卷压力持续增大。存量经济环境催生了许多新兴的零售业态和商业模式，如社交电商、直播带货、社区团购、私域直播等。这些新兴业态也纷纷陷入白热化的竞争与内卷。特别是在公域平台流量成本持续高企，公域直播趋势下行之后，人们普遍认为私域直播才是未来的流量风口，无数公域平台从业者切换思路，往私域模式而来，各种类型的私域平台一一粉墨登场。然而，一片乱战之中，亦有泥沙俱下，大部分参与者是追着流量风口而来的，并没有找到好的商业模式。他们以公域流量转化的运营方法，在私域模式下重新做一遍。

再有，事到如今，"消费降级"已经不再仅仅是一个学术概念，而是我们所有人眼前看得到的正在发生的故事。消费降级并非简单的消费水平下降，而是消费者消费行为和观念的深刻转变：消费者在预算有限的情况下，更加注重性价比和实用性，从而调整消费结构和消费习惯。这种转变不仅体现在日常购物的选择上，更渗透到生活的方方面面。从数据来看，国家统计局公布的社会消费品零售总额增速在近年来呈现波动下降的趋势。2019年，社会消费品零售总额增速为 8.0%，而到了 2023 年，这一增速降至 3.5%。这一数据直观地反映出消费市场的活跃度有所降低，消费者在消费时更加谨慎。在消费结构上，非必需品的消费占比下降明显。以化妆品为例，2023 年化妆品类零售总额同比下降 4.5%，这表明，消费者在美妆护肤等非生活必需品类的消费上更加克制。与之形成鲜明对比的是，一些基本生活消费品的市场份额相对稳定甚至有所上升。2023 年，粮油、食品类零售总额同比增长 9.2%，这充分说明，在经济下行压力下，消费者会优先保障基本生活需求的满足，而对非必需品的消费进行了削减。又如，拼多多的崛起堪称消费降级的典型案例。它以"低价拼团"的模式迅速打开市场，吸引了大量对价格敏感的消费者。2024 年，拼多多的年度活跃买家数达到 8.24 亿人次，平台年交易额突破 4.5 万亿元，同比增长 38%。这些惊人的数据背后，是无数消费者对高性价比商品的追求。据媒体采访报道，许多消费者表示，他们以前在大型超市购买日用品，而现在更倾向于在拼多多上通过拼团的方式购买。这种消费行为的转变，正是消费降级在日常购物中的生动体现。

然而，无论世事如何变幻，总要有人负重前行。

中国零售行业新生态创新大幕徐徐展开，资本、渠道、平台、品牌、消费者均参与其中，经济形势增长变缓，经

小店经济：
社区小店凭什么持续获利与快速裂变

济政策日新月异，零售业态"人、货、场"的创新重构与商业模式层出不穷。其中，围绕"货"的创新、围绕"场"的创新，可谓精彩纷呈，你方唱罢我登场。然而，在很长一段时间里，消费者都被抽离了"人性"，被物化成一个个流量数据，围绕"人"的创新或者裹足不前，或者行不得法，直到今天依然成不了气候。我们深信，创新浪潮方兴未艾，依然拥有诸多不确定性，唯有把握现象背后的本质，才能立于不败之地。在零售的进化过程中，围绕"货"与"场"的创新已经到了极致，而围绕"人"的创新才刚刚开始。数字技术发展的下一步，就是把商业世界里一个个没有感情的流量数据，还原成在真实社会中一个个有血有肉、有情绪、有好恶的活生生的"人"。事实上，无论社会怎么发展，技术怎么迭代，唯有人与人之间的信任关系才是驱动零售继续进化和迭代的关键动力。随着数字化转型的持续深入，我们终将回到"物以类聚、人以群分"的模式和"先有交情、后有交易"的商业逻辑里。无论什么行业，无论何种模式，重建消费者的信任关系都会越来越重要。日月兴替，万象更新，何以解忧，唯有客户，唯有"得客户者得天下"。

再者，无论经济形势如何变化，居民的日常生活消费始终是"刚性需求"，这为社区零售创新模式的兴起提供了巨大的市场机会。社区生活消费被视为最后一块流量丰沛且稳定的消费宝地。社区小店实际上做的是存量数据,小店在服务社区居民的过程中,流量数据突然就具象化、生活化了,客户不再是一堆干巴巴的数据,而是长期居住在社区里的一个个很有个性的居民,他们的情绪表达在日常交流中很容易为店长所洞察,他们的消费水平和消费偏好可以经由数字化工具进行适当沉淀,理论上,所有商品都将由店长向真正有需求的客户精准推荐。一家小店可能同时售卖生鲜蔬果、日用百货、营养品等多种品类,信任关系是决定消费者是否频繁光顾小店的关键,而这种信任关系往往通过高频次的交易建立起来。小店客户在感受到重视的同时,会更加依赖这家小店,形成强信任关系。这种模式不是我们过去熟知的"人找货",而是现在的"货找人"。大卖场、电商平台都是不断地丰富货架、优化商品,让人们更容易找到自己想要的商品。在数字化技术的支持下,他们尽可能地"把一种商品卖给一千个人",实现"想要就要、马上就要",尽可能快速、准确、高效地实现"人找货"。而社区小店的模式则完全不一样,他们坚守长期主义,持续做客户信任和客户服务,能够建立起人与人之间的信任关系,依托这种信任关系,经由数字化技术的赋能,店长就能知道客户需要什么商品,从而不断交易、重复交

小店经济：
社区小店凭什么持续获利与快速裂变

易,最终实现"把一千种商品卖给一个人"。

我们将这种基于社区经济与消费生活中创建出来的商业模式称为"小店经济"。小店在物理空间上已经无限接近客户,在虚拟空间里又有数字化工具和体系化打法,基于客户信任关系构建起来的小数据中台,融合了社区团购、社群接龙、直播电商、私域运营等常规模式的优势与长处,按照"一专多卖、多店联盟"的运营模式,接入超长供应链组建的强大生态,有机会在越来越激烈的存量竞争中寻找新的增量空间。这是一个数字化的时代,这是一个开放透明的生态,这是一个去中心化的体系,也是一个倡导价值共创、财富共享的系统,并且,由于社区小店开设成本较低、风险可控、操作简单,具有可快速复制与裂变的优点,毫不夸张地说,这可能是未来3~5年,最适合年轻人创业与创富的商业之路。

小店的模式创新

| 第一章 |

转型的起点

"早在 2017 年,邵总就意识到庄泰一定要数字化。那段时间,他反复跟我强调,数字化转型至关重要,我们要做好规划,应对未来可能发生的各种场景。"喜抱网总经理丁国维说,数字化转型当然重要,可是究竟往哪里转、怎么转,那个时候大家都是不清晰的,花了很长一段时间,不断试错和不断调整。从财务流程、销售流程到人力资源、组织管理,这些环节的数字化工作,其实更确切地说,是"数据化",是把相关资料输入电脑,进行局域联网汇总,形成可供决策的一部分运营数据。虽然工作繁杂,但主要是面向公司内部,逻辑相对简单,公司运转效率提升明显。而到客户关系数字化这一层面,难度系数飙升,这完全是面向市场的另外一个逻辑层面的事情。

丁国维在大学里是学数据分析的,毕业后成为一名大

小店经济：
社区小店凭什么持续获利与快速裂变

厂的数据工程师，是人们眼中非常地道的"理工男"，加盟庄泰之后，一直发挥专业所长，在庄泰体系内做客户数据收集、整理和分析的工作。有形的数据收集和整理起来是比较简单的，丁国维始终在思考的是，要把有形数据转化成有效数据，把客户数据从被动整理转化成主动产生，所有动作的一个基本原则是要强化客户信任而不是去伤害客户关系，从而驱动公司层面真正以客户为中心，整个运营思路发生根本性的转变。

"邵总"就是庄泰集团创始人和掌舵人邵世海，他作为领路人，必须站在更高的位置，从行稳致远的原则上，为南京公司与各地合作伙伴的中长期发展战略谋篇布局。他善于学习且勤于思考，能够始终站在行业发展的高度去寻找和捕捉机会。在行业发展的每一个关键时刻，邵总几乎能提前布局，踩准节奏，并号召各地合作伙伴快速跟上。从历史上看，无论是2010年的"从会销到店销"，2014年的"旅游转化"，还是2017年以来的"商业社群"，以及当前及未来的"小店经济"，一次又一次的实践证明，邵总为大家指的战略方向不会错，跟着邵总走准没有错。

彼时，对于庄泰的几条主营业务线来说，通过创新的各类旅游线帮助收新和转化，正处于发展红利期，持续增长超过30%的良好趋势保持了很多年，一些地区的合作伙伴也积极与南京总部联动，通过旅游产品线深度经营客户关系，效果很明显。然而，一片繁荣之下，邵世海隐约感受到危机逼近，丁国维回忆："邵总时常会问我，如果有一天，我们跟客户不能线下聚会了，那么多经销商合作伙伴会怎么样？一荣俱荣、一损俱损，到时候，我们又会怎么样？"诚如所言，后来几年时间里，行业里各种突发事件让常规的业务无法开展，一些依然在传统的营销模式中打转转的同行销声匿迹，那些有数字化意识和拥有客户社群的合作伙伴抓住机会，实现业绩逆袭。

而这一切，究竟是怎么发生的呢？

繁荣之下必有隐忧。会销模式最早于1998年前后在中国兴起，早期以保健品、房地产、保险等行业为主，2010年之后，大健康行业迎来了快速扩张，一些头部公司快速形成了覆盖全国的营销网络，精心策划的销售会议场场爆满，呈现一片火热的景象。在大健康行业深耕数十年，邵世海敏锐地感觉到，行业如日中天的时候，繁荣背后的隐忧也时隐时现。从行业视角来看，主要是来自两个方面的问题：一是行业快速发展导致良莠不齐。部分不良会销企业为了追求高额利润，依靠"打擦边球"的手段推销产品，不惜夸大保健品的功效，将其包装成能治百病的神药，误导中老年消费者购买。二是会销面向的主要消费群

小店经济：
社区小店凭什么持续获利与快速裂变

体是中老年人，部分不良企业在一些会销活动中，利用中老年人对健康的渴望和信息不对称的弱点，进行"高价收割""货不对版"等不道德甚至违法的营销行为。行业发展过热、从业人员良莠不齐的结果，就是大健康会销行业被全面"污名化"，这必然是不可持续的，迟早会迎来规范运营的要求甚至全面整顿，届时，来自政策与市场的双重压力，对于行业内的所有公司与从业者都将是巨大的挑战。

2017—2018年，大健康行业处于上升期，先行者如庄泰已经完成"从会销到店销"的转型，在各地开设了线下实体的品牌专卖店。同时，大家普遍采用"旅游转化"的方式，主要依赖线下场景，通过集中宣讲、情感联系和体验式营销提升转化率，会销的本质并没有发生根本变化。邵世海能够约束庄泰体系的员工和合作伙伴谨言慎行，却无法彻底消除行业害群之马持续带来的负面影响。可以确定的是，为了规避可能的发展风险，原有的商业模式已经不适合市场的要求，围绕数字化的商业逻辑与重构客户关系进行持续的创新与变革是庄泰的必由之路。

"第一个被很快替代的消费场景，可能就是线下聚会。"丁国维说道，为了做好客户数据收集，他必须随时深入各地市场做一线调研，高频次地跟各级销售顾问做深度交流，才能对各地品牌专卖店的销售情况变化有实时掌握。当时，

第一章 | 转型的起点

庄泰体系内围绕各主线业务已经纷纷开设品牌专卖店，基本上完成了从"会销"到"店销"的转变，只不过传统的会销模式依然在发挥着重要作用，销售场景从"大会场"变成了"小会场"，即从"集中召集几千人、上万人到办公楼或酒店开会"切换到"集中召集几十人、上百人到品牌专卖店开会"，集中宣讲、体验式消费和情感营销依旧是客户拓新与销售转化的有效方法。这样一来，原来会销模式所需要支付的营销成本，如礼品、试用品、优惠折扣等几乎没有减少，还额外增加了品牌专卖店的门店租金和管理成本，因为是小会，跟客户沟通起来在效率方面略有提升，里外里一算账，大家普遍感觉到还是越来越难。不仅如此，当时最为严峻的一个问题是，优质专家的资源稀缺如何与日益增长的市场需求有效匹配。

比如，有一位专家是辽宁省级医院的副院长，是20世纪90年代留学日本回来的心脑血管专家，是业界中的佼佼者。他白发苍苍，和蔼可亲，讲课很有亲和力，又风趣幽默。这位专家每次为各个市场的客户讲心脑血管方面的科普知识，都受到中老年客户的高度认可和欢迎。然而，丁总团队面临的问题是，这个专业方向这么高水平的专家仅此一位，当全国各地的市场召集客户开会都需要他的时候，时间上就很难协调了。毕竟，专家年纪也大了，没有办法

小店经济：
社区小店凭什么持续获利与快速裂变

持续不断地讲课，长期奔波在路上。再者，从市场端来看，即便是专家能及时匹配好，各个市场也面临着成本增加的压力。因为从"开大会"转变成"开小会"，会销规模发生了变化，原来是面向1000人，现在是面向100人，而专家投入的时间和费用成本都是一样的，总成本还是几乎一样，细细算下来，客户拓展的人均成本反而增加了。

"面对这种局面，我想到的一个办法是，把多个市场的讲课需求协同联动起来。我们在南京搭建一个小型直播间，让专家在南京面对摄像头讲课，通过专用的会议软件，把讲课内容同步到全国各地的市场和品牌门店的会场大屏幕上。"在丁总团队的推动下，每家品牌门店都很快配备了投影仪或大屏幕的液晶显示器，这样一来，全国各地在同期可以召集20~30家品牌门店，每家门店根据自身会场空间的大小，邀约50~100名客户到会听课，整体而言，形成了1000~2000人的听课规模，实现了从线下聚会到线上集中听课的转变。于是，各种专题课程不定期地开展起来，效果也很快显现出来。在如火如荼的大健康行业中，能够通过数字化工具实现降本增效，真正为经销商与合作伙伴赋能的，庄泰是头一份。

然而，事情并非一帆风顺，新的问题也相伴而生。丁总团队要时刻盯着技术保障，在开会期间，实时信号传输的稳定性至关重要。他们在短时间内就对市场上流行的会议软件反复比较和尝试，但效果都不是很理想，特别是在一些网络信号没那么稳定的品牌门店，经常出现视频卡顿、画面与声音不同步的情况，客户好不容易集中在一起，却常常因技术原因被屡屡打断，观看体验不够友好。随后，为了保障画面清晰，一些市场采用录播的方式，但录播的问题在于没有现场感，无法与专家进行实时互动，客户的兴趣点也无法集中，效果反而打了折扣。如果更进一步思考，对于品牌门店而言，把客户集中到店面来听一名专家的课程，这个事情其实也是不能高频发生的，这种线下聚在一起开小会的模式，本质上还是会销的模型演变，依然容易授人以柄。丁总团队在琢磨这个事情的时候，思考的出发点是，若完全不用线下聚会的方式，有没有可能实现信息传递和销售转化。

2018年，智能手机已经非常普及，城市里的很多中老年人对微信的使用也很熟练，丁总团队就在思考：有没有可能通过微信，让信息传播直达客户的手机端？若这个过程得以实现，那么相关的科普知识和产品内容都可以点对点地推送给客户，这样一来线下的聚会才会被彻底取代。微信公众号掀起的知识付费浪潮，也给了大家启示。譬如，逻辑思维通过每天推送60秒语音，快速地触达了千万级的

小店经济：
社区小店凭什么持续获利与快速裂变

客户。于是，丁总团队面临的问题就细化为：庄泰体系里这些年沉淀了数百场各个专业门类专家的科普知识讲座，都是宝贵的知识财富，能不能通过技术手段，把原来会销演讲里动辄一两个小时的专家知识讲座演讲内容，拆解成一段段60秒知识点语音，每天推送给客户？在执行的过程中发现，把专家知识讲座录音拆解成60秒语音，技术上没什么难度，挑战在于需要很专业且很精准的概括能力。团队经过反复研究之后，在时长上做了妥协，以"把主题内容说清楚"为准则，一些简单知识点在3~5分钟可以讲完，一些重要知识点则需要在10分钟左右讲完。同时，在客户端，通过现有的技术手段无法一下子实现"点对点、一对一"，只能试试"一对多"的方式。于是，在市场端就形成了一种创新的方式：围绕某个品牌门店的客户群体，通过微信建群之后，由丁总团队进行内容托管，每天在群里发布一些科普知识点的语音内容，与客户进行高频互动。

刚开始的几个月，在局部市场上试用，通过语音发送知识点很受客户欢迎。因为对于客户来讲，关于医疗养生的科普知识涉及一些老年人常见的健康问题，可能刚好是他们愿意关注的。客户把手机点开之后，放在边上就能听完，如果内容很好，有针对性，他还可以反复听。当时在群里为了增加活跃度，丁总团队鼓励客户去听语音，听完之后写感受、记笔记，发到群里可以获得积分奖励，这样一来，微信群就异常活跃，每天都有高频互动，大家自然而然地有了内容共创的趋势。自此之后的一年多时间里，丁总团队专注于优质内容的生产，当以前的资料素材消化得差不多的时候，新内容的生产又提上日程。很常规的想法是，让原有的专家团队转型成讲师团队，按照社群高频互动所需要的内容体例和要求录制知识点的语音。这时候，专家团队成员又提出了新的挑战，这跟原来的模式在评估方式上有很大的不同。

以往，大会营销营造出了一个很有氛围的气场，专家带着饱满的情绪在台上演讲，可以接收到听众的表情、声音、掌声等反馈，有经验的专家能够从细节和故事切入，按照一定的节奏感讲述知识点，循序渐进地抓住听众的注意力和营造良好的氛围，而听众的热烈鼓掌欢呼也能够调动专家的情绪，在一两个小时的周期内达到情绪巅峰，也正是销售转化的最佳时刻。专家讲得好不好，可以通过现场客户的反馈情况，以及最终销售转化的数量与额度综合评估。事实上，会销的专家报酬一般与销售转化相关联。如今，没有了现场感，没有了氛围烘托和实时反馈，让专家独自在录音棚里，按照通行的体例和标准，面对录音的话筒平铺直叙地讲知识点，不仅没有办法对内容的节奏进

小店经济：
社区小店凭什么持续获利与快速裂变

行把握，也很难得到科学准确的、能够调动听众情绪的语音产品。再者，因为语音条都是每天发到群里的，每一个客户端是被动接受的，负责任的销售顾问会点对点提醒客户及时收听，而客户究竟有没有点开收听，听完之后的体会感受究竟如何，若没有点对点的回访，也是无法进行科学评估和考量的。那么，如果销售转化得不好，究竟是专家在语音条中讲得不够好，还是销售顾问在线下服务得不够好，事实上也没有办法科学分析出来。如果结果无法评估，过程就很难迭代和优化，专家的素质、能力与付出也没有办法进行科学的量化评估，并给出相匹配的激励，导致的最终结果就是专业且优质的内容生产面临着不可持续的窘境。

外部的专家团队面临诸多细节谈不拢的时候，丁总团队萌生了自己培养专业讲师的想法，并且根据不同的专业方向，很快就付诸实施。

"到 2020 年前后，我们花了很长时间和精力重点培养的讲师，也没有发挥出应有的效果。回过头来，我才发现方向错了，我们带着团队去死磕内容，在路线上有点跑偏了。"丁总坦言，这两三年的数字化创新就是在"不断发现问题解决问题，再发现问题再解决问题"的过程中兜兜转转，创新上也走了一点弯路。直到 2020 年，在邵总的邀约下,上海交通大学客座教授、数字化转型专家周宏明先生加盟成为庄泰的战略顾问,大家有针对性地探讨和研究之后,才逐步明确数字化转型的方向。丁总说:"社群内容固然重要,但死磕内容一定不是我们的战略方向。我们做数字化转型,一定要围绕着如何加强客户信任关系做文章。周教授和邵总一开始跟我们谈大C和小c,谈小数据中台,我们根本不理解,直到几年实践下来,才逐渐明确和清晰,随后才有了喜抱网,以及未来喜抱网要走的方向。"

与此同时,2020年一场突如其来的新冠疫情彻底打乱了原有的市场规划,也刷新了大家的创新思路。那时候,全国好几个市场都遭遇管控和封城,短则几十天,长则几个月,门店全部关闭,全员居家办公,这让原有的线下聚会瞬间变得不可能,大部分线下品牌门店的经营一下子陷入困境。这时候,那些早已建好微信群的门店优势就开始凸显出来。原来,过去常态化的、高频次的内容推送和线上互动沟通使客户习以为常,如今大家被迫只能通过线上沟通,各种真实的、精准的需求都开始集中涌现出来。

这种突发状况让线下见面和聚会变得非常困难甚至不可能,此前忽略了数字工具的市场门店也积极行动起来,发动全员上线。每个销售顾问点对点邀请客户,按照门店关系建微信群,在群里进行实时交流,响应客户的各类需

小店经济：
社区小店凭什么持续获利与快速裂变

求。当时，不同市场的群里都非常活跃，大家反映出来的最集中的购买需求是围绕着家庭日常生活基础消费展开的，如生鲜蔬果、米面粮油等，这些需求原本不在庄泰产品线供应范围之内，但在如此紧急的情况下，本着为客户用心服务的原则，门店也的确是义不容辞。后来，这些日常生活基础消费的需求，都是由各个门店经理出马，想方设法在所在地通过集中采购的方式加以解决的。

彼时，在微信群里的团购接龙，由群主不定期发送产品图片、文字简介及采购价格，一开始大家都觉得可以，但实践一段时间后发现不行，群里客户非常活跃，导致销量太高了，一些客户担心接不上而反复接龙。当时，社群接龙总有各种纰漏，确保不出错的难度极高。况且，一些有相同需求的客户分布在不同群里，他们团购接龙的数量和金额还要通过门店经理进行手工统计，不仅耗时费力，也容易出错。看到这个问题，丁总很快带着团队开发了一个接龙小程序，虽然技术上实现起来比较简单，使用效果却出奇地好。这个接龙小程序可以很方便地在不同的微信群里转发，客户操作也很简单，有需要的客户在手机端点开，填上需求数量并完成付款就可以成功接龙，小程序会自动输出包含金额与数量的统计结果，既不会重复也不会错漏。这个接龙小程序在全国市场几乎所有的微信群里都被快速推广与使用，一些爆品有1000人甚至几千人接龙团购，相较于手工统计，其效率翻了10倍不止，客户满意度也有效地提升了。丁总说："那是一个特殊的时刻，能让我们团队真切感受到技术工具降本增效的魅力，更加坚定了我们数字化转型的决心。"

接龙小程序运行了三四个月之后，丁总团队发现，随着参与的客户越来越多，他们也再次面临升级迭代的需求和压力。一方面，接龙小程序的团购规模也是有上限的，数据达到上限后，无法再继续接龙。若客户再次点击链接，提交的数量不被接受，体验会比较差。此时，通过门店销售顾问点对点地查漏补缺也不科学，在技术层面一定要寻求新的突破。另一方面，接龙金额的流转受到微信的限制，客户接龙完成后，相关金额就需要快速提取出来，与供应商对接集中采购。然而，微信钱包一般有每日金额提取限制，这让采购环节新增了诸多麻烦，如果采购数量和金额比较大，也会比较耗时费力。更潜在的风险还在于团购金额流转规模若越来越多，也容易被微信官方认定为可疑账户，陷入反复自证清白的窘境。随后，直播的方式也在社群里广泛运用，小鹅通作为第三方工具，阶段性地满足了社群直播的需求。一些市场面向社群客户，尝试着开直播，在一段时间内，各个市场不同的直播间各有千秋，各显神

小店经济:
社区小店凭什么持续获利与快速裂变

通。相较于团购接龙,社群直播有现场感,视频讲解传播的信息更真实、更完整,相当于跟客户形成了一对多见面的机会。不过,当时大多数直播工具只能提供一些直播间人数、停留时长、转化率等常规数据,对于每个客户的标签认知以及消费偏好,是没有办法提供的。此时,丁国维和团队接受到的所有相关问题反馈都指向一个非常清晰的方向:自创自研数字化平台与工具。

通常,在销售顾问帮忙解决了客户基础的生活消费需求之后,很容易获得客户的认可与信任,一系列能够增强免疫力的羊奶、蜂胶、益生菌等营养品也转化得很快。到年底一看,大部分有微信群的品牌门店,尽管经历了长期或短期的封控,客户转化和营业额却没有受到实质性的影响,不少门店还有了比较大的增长,一些门店甚至在最后3个月做出了上年一整年的营业额。当封控结束,社会活动回归正常时,他们发现,过去一定要邀请客户到店开会做科普、做销售这个场景,已经完全为线上直播的方式所取代。专家直播的方式,内容更丰富,效率更高,还可以根据收看数据持续优化,相较于传统开会的方式,所投入的时间和金钱等成本更低。

这个由偶然事件推动的社群实践给人们的启示在于:通过低客单价、刚需高频的日用消费品满足客户真实的、多样化的日常消费需求，就能实现社群里的高频互动和强化信任关系，进而大大促进客户对营养健康品的销售转化。既然如此，与其绞尽脑汁地生产优质的文字内容去满足客户的求知欲，不如寻找刚需高频的日常消费用品去满足客户的基础消费。

过去，无论是团购接龙还是社群直播，都是阶段性的权宜之计，以满足客户在特殊状况下日常家庭生活消费的需求。各个市场经理和门店销售顾问在收到客户的需求量要求，对接供应链集采，进行选品、比价、运输、分拣、派货的时候，都面临着专业度和熟练度不够的问题，事倍功半。毕竟，品牌门店里几款主流的营养品才是他们的专业能力范畴，才是他们销售的重点。因此，要把这种临时性的做法转化成常态化的模式，适度集中客户的需求，形成规模，再跟靠谱的供应链对接与集采，其中涉及的烦琐统筹与组织工作最好都由庄泰总部来协调完成。面对这些需求，丁总团队当仁不让地成为执行团队，创建一个自研的数据中台，在此基础上进行常态化的社群直播，喜抱网与V厨直播间的商业模型逐渐成形。

| 第二章 |

体系化设计

时间回溯到 20 多年前的 2002 年 12 月，邵世海在大健康行业工作多年之后正式创业，在南京创立庄泰集团。邵世海是 20 世纪 80 年代的华东师范大学经济系专业的优秀毕业生，之后在东南大学任教多年。受 1992 年南方谈话感召，1993 年辞职下海，进入大健康行业。几年时间，从一线销售做到营销总经理，积累了大量的工作经验和社会人脉。到自主创业的时候，身边已经有一批铁杆兄弟跟随，这也是庄泰能够持续经营与稳健成长的关键所在。

庄泰创业的第一个 10 年，以"会销"方式为主，几乎每天都有大大小小的专题科普会议，销售顾问点对点邀请有实际需求的客户参会。2010 年，庄泰鼓励合作伙伴在全国各地开设品牌专卖店，围绕店销开展工作；2014 年进化为"旅游+旅居"的方式；到 2018 年前后，又增加了线下品牌专卖店、异地授权经销,多头并进,全面开花。自庄泰创业以来,整体营收每年增长30%,构建了一个涵盖几十种保健食品、七大销售事业部的社群生态,公司与合作伙伴的服务网点遍布全国,以江苏南京为大本营,销售触角延伸到福建、广东、甘肃、浙江、山东、四川、北京、上海等地,至今已经是大健康行业内颇有分量的参与者。

保健食品是食品的一个种类,是食品而非药品。它具有一般食品的共性,又具有一定功能,能调节人体的机能,适用于特定人群食用,但不以治疗疾病为目的。保健食品的保健作用在当今的社会中正在逐步为广大群众所接受。20世纪90年代是保健品行业快速增长的一段时期,保健品的出现具有新鲜感。彼时,从娃哈哈营养液、健力宝到太阳神,从中华鳖精、脑白金到三株口服液,一个又一个具有保健功能的饮料快速崛起,不断带给人们全新的认知,也创造了一个又一个销售奇迹。2000年之后,人们对生活有了更高的要求,不仅要吃得饱,还要吃得好。人们对于保健品的认知褪去了神秘的面纱,更加注重科学性与安全性,健康养生的需求越来越正常,也越来越多元化。

保健食品的专业性门槛比较高,普通消费者对一些常见疾病的专业信息的了解是远远不够的,大部分消费者是在疾病发生的时候才去医院寻求帮助。但事实上,这些困

小店经济：
社区小店凭什么持续获利与快速裂变

扰中老年人群的疾病有一些普遍性，"三分治七分养"，平时对有关健康问题有针对性地进行主动保健和调养，其养生效果远远优于发病之后再做被动治疗。哪怕不考虑入院治疗对身体和情感的负面影响，仅从经济层面考量，日常保健食品的支出也会远远少于紧急情况下大额的医疗支出。只有在构建强信任关系的基础上，目标客户才有机会全面地、有针对性地了解自己的健康困扰，听取专业的科普知识，并积极寻求解决办法。

"大健康行业的起起伏伏让我们意识到，提前做好战略规划至关重要。"邵世海作为庄泰掌舵人，需要考虑得更周全一些，看得更远一些。即便是在2016—2018年，所有人都感到行业形势一片大好的时候，他也有一定的危机感。在他看来，庄泰实际上经历了几次大的主动转型，才演化成今天这个样子。

会销，就是通过会议实现销售，大健康行业因为产品营销需要一些专业的背景知识，普遍采用"一对多"的会销模式。专题会议上讲课的通常是专家学者，对于某个功能性产品背后的设计初衷、药理逻辑与成分功效等了如指掌，先讲养生知识，后售卖产品。被邀约到场的消费者，若刚好有健康问题或者疾病困扰，很容易感同身受，被说服后就会购买。会议营销的核心在于构建信任关系，通过会议宣讲和科普的方式，帮助消费者快速认识、了解产品，并快速产生信任。庄泰早期普遍采用会销的方式，每个到场的消费者都是被点对点邀约和由专人服务的，确保需求能够匹配到位，以及能够在适当的时候形成销售转化。

当会销行业热度起来时，更多竞争者参与进来，随波逐流者有之，浑水摸鱼者有之。一切为了结果，很多会销乱象也呈现出来：一是夸大宣传，在销售过程中，销售人员可能为了追求业绩而忽视客户的实际需求和健康状况，并且夸大其词，把保养健康的功能产品夸张成包治百病的特效药；二是涉嫌欺诈，会销的目标客群大多是中老年人群，不法的会销机构打着"关爱、慈善"等名义实施亲情"诈骗"，在营销上玩起感情牌，将空巢老人等群体拉进会场，或者提供上门"关爱"服务，最后却"割完"离场，人消失得无影无踪。

很显然，这种收割客户信任的套路肯定是无法持续的，行业一定会迎来波动。彼时，庄泰的应对策略是主动降温，回归常态化。在产品选择上，相较于其他功能性产品来说，更倾向于主推膳食补充营养类，如羊奶粉、含硒类产品。因为这类产品功能性、指向性都不强，就是膳食营养品的定位，在消费者的脑海里有基本的概念和印象，不用过度营销也容易被接受。在营销模式上，既然会销模式的风险

小店经济：
　　社区小店凭什么持续获利与快速裂变

隐忧已经出现，庄泰必须坚决向"店销"转型。

　　于是，从 2010 年开始，庄泰总部鼓励合作伙伴开设品牌专卖门店，围绕门店进行场景规划和营销设计，日常的营销以小型聚会交流为主，若非必要不再举办大型的营销会议。彼时，一些城市也开始要求会销行业规范发展，专卖门店被认为是规范化经营的一个必要条件，这样一来，庄泰各地的合作伙伴都果断地从办公楼里搬出来，在商业街上开设品牌专卖店，采用"店销"模式。从成本角度来看，品牌门店与运营中心相比，总体上的运营成本肯定是更高了。品牌门店大多设置在城市商圈人流密集处，并且门店一般也会为小型聚会洽谈预留社交空间，普遍采用"1+1"模式：前厅是货架展示品牌商品，后厅或二楼预留社交活动空间。因此，门店仅租金一项就可能超过办公楼。不过，若是从需求角度来看，线下门店距离客户更近了，更有利于增进客户信任度，"销售顾问"转化成"店长"或"店员"，身份和角色更清晰，客户更容易接受。门店取代会场成了与客户交流的第一阵地。再者，品牌专卖门店都有专业运营的标准，在场景布置上可以设计品牌故事、企业文化、科普知识等内容，客户通过了解这些增进对品牌与产品的信任，店员与客户交流起来更方便、更精准，更容易获得客户的信任。庄泰与合作伙伴全面进入店销模式之后，门店成为建立客户信任关系的最重要的场。在那一阶段，大家都倾向于开设大面积的品牌门店，在装修标准上也毫不含糊。高大上的品牌门店确实有利于快速取得客户的信任，一些地区的冠羚羊行专卖店的品牌格调在当地商街上也是出类拔萃的。在那一阶段，门店专业化带来的好处是显而易见的，消费者能够快速识别与匹配，只要是主动进店咨询的消费者，都在某种意义上有需求，在销售上就有转化的可能。再加上店长、店员进行专业讲解，现场体验品尝，能够快速拉动销售转化。

在店销阶段，庄泰的角色更多定位于总部，负责品牌的体系化建设、产品的设计与委托生产，做好对各地方合作伙伴的支持与服务，并对原有的会销团队人员进行精简和压缩。21世纪10年代，互联网与数字化对零售的渗透已经经历了好几波，各类型电子商务平台快速崛起，随着4G、5G网络技术的普及，新一轮的移动互联网开始推动零售创新与变革。在这样一个日新月异的时代里，若依然停留在传统的店销模式，如何能够在竞争中立于不败之地？在某种意义上，庄泰是把原有会销模式的经验进行总结提炼，部分地运用在专卖店模式之中。这个阶段最明显的一条实践经验就是客户的信任关系至关重要。这一点始终作为庄泰和邵总所推崇的"第一性原理"，被完整地传承下

小店经济：
社区小店凭什么持续获利与快速裂变

来，运用在门店销售之中。比如，门店里优秀的营销团队一定是很善于跟客户建立信任关系的，他们在与客户交流的过程中会重点关注客户的体验与反馈，并不急于完成销售转化，因为他们清楚，一旦与客户的信任关系建立起来，销售转化是自然而然、水到渠成的事情。又如，每家门店首先是客户愿意进来的社交空间，其次才是销售洽谈空间。一些区域市场的冠羚羊行门店主动为客户提供了一系列看似与主营产品无关的十多项功能，如免费网络、免费茶水、免费充电、帮忙照顾孩子、看管宠物等，方便了周边居民，弱化了商业气息，让人感觉毫无压力。再如，庄泰各地的门店都会承诺为客户提供全面的售后保障，尊重消费者的后悔权，让客户体验到无处不在的安全感。无论在任何时候、任何地方，从门店购买的任何产品，只要不影响二次销售，都可以无理由退货退款。甚至有些开箱吃过、用过的，也按原价退还。这样的以客户为中心的门店，很快获得客户的认可与推崇，一些客户从门店开业至今，每年都购买一定量的产品，吃好了还推荐亲朋好友到店购买，这才是各地门店在此期间快速增长的秘诀。

即便如此，庄泰与合作伙伴在各地开设的品牌门店运作几年下来，不同的地区、不同的店面，也呈现不同的竞争态势，而门店模式在实践之中也冒出一些难以调和的问题。

一是过度依赖自然流量。门店是最古老的零售方式之一,在中国已经运转了成百上千年。门店是坐商,坐等客户上门,这种模式的最明显特点就是高度依赖自然流量。在自然流量丰沛的地方,门店的经营就好;自然流量不够,门店的经营就难。于是,门店选址就成了重中之重,在核心城市的核心商业圈,人流量自然是不用担心的,店租成本也随之高企。如何平衡成本与流量,成了每家门店开设之前,大家反复研讨和纠结的问题。当开店效果不如预期时,及时关店止损另寻新址是明智之举,不过,这样一来,此前投入的人力物力都将归于沉没,意味着需要重新开始。

二是同行竞争壁垒不高。运气好一点儿,一旦在某地段开设的品牌门店广受客户关注,经营效果很好,经营相似产品的竞争对手很快就跟着在附近开店,大家直接竞争,面对相同的客户群,客户的关注度和信任度都将被分流,竞争的壁垒是不高的。对于消费者来说,竞争带来更多选择,能得到更多实惠,大多乐见其成。这时候,无论是哪种类型的促销方式,打折或买赠,实际上都是以牺牲利润为代价来开展的。竞争的内容就在于谁能快速获得客户的信任,以及谁能将这份信任持续运营下去。

三是门店的服务半径有限。门店试图拉近与消费者的

小店经济：
社区小店凭什么持续获利与快速裂变

距离，其营销都是基于线下物理空间来开展的，这就意味着，单个门店的服务半径有限，在门店地址5千米范围内的消费者有机会优先被触达，距离更远的消费者就很难了。门店售卖的并非刚需类产品，消费者在可买可不买的思虑之间，门店距离就会成为决策的重要依据。经过长时间的客户沉淀和口碑传播，一些门店有可能服务超出常规空间距离的客户，但这样的案例毕竟是少数。在实践中，一些恰好路过门店的消费者，并非就近居住或上班，偶然进店了解产品，虽然认可，却很难快速完成购买决策。于是，问题就变成了要扩大服务半径，只有通过持续拓展新店实现，这就需要重新选店址、搞门店装修、建运营团队、策划新店开业活动、邀约客户进店试用，再进行销售转化，各个流程全部走一遍。

四是人员能力要求很高。门店是一个场，客户可以快速形成认知和进入，而最重要的始终是人，门店的运营管理人员需要匹配相应的素质和能力。人对门店的认知、人对产品的认知，都要转化为人对人的信任。只有面对面交流，才有机会将这种信任关系运营好并持续下去。消费者大量的决策都是在人与人之间的沟通中做出的。因此，门店销售人员不仅要有较高的情商，善于与人打交道，还需要精通品牌文化、熟悉产品知识。管理人员，如经理、店长还需要在管理能力上有所要求,能够凝聚人心,激励员工,带领团队一起实现目标,并且还要懂营销策划,会算账。这样一来,对员工的能力要求就很高,难以短时间从市场上招聘到合适的,很多门店的实践是侧重招聘新人,然后在自己的销售体系中慢慢培养,投入的时间和精力又是一笔不小的成本。

五是品牌文化至关重要。品牌是消费者识别门店的第一印象,品牌专卖店对于品牌文化的要求是比较高的。以冠羚羊行为例,品牌文化里就包含公益基因,它是作为精准扶贫助学的公益品牌在各类型媒体上亮相的。有不少企业热衷公益,把公益作为营销的噱头,是高明的营销手段。时间最能验证人心,公益做1年可能是作秀,做3年可能是营销,而冠羚羊行自创立的第一天起,持续专注公益十几年,是每年必须完成的常规工作,这就是一种独特的品牌文化。有很多客户就是因为对这种品牌文化有高度的认可才追随而来。我们在兰州、临沂等地就看到,同一条街上的羊奶粉店不下七八家,撑过3年的没几家,撑过5年的唯有冠羚羊行一家。一些客户在激烈竞争的过程中被同行的优惠折扣吸引了去,过段时间一看,人家关店了,只好又回到冠羚羊行来。

这些是普遍性的问题,各地方或多或少都遇到过。庄

小店经济：
社区小店凭什么持续获利与快速裂变

泰在那段时间里有针对性地做了一些迭代和调整。比如，面对自然流量不足和难转化的问题，庄泰借鉴了旅游业务的优势和特点，还专门成立了"我想去看看"旅行社，把旅游产品作为客户入口，通过用心服务快速取得客户信任，最终形成营养品的销售转化。于是我们在金华、福州等地就可以看到，专业的旅游门店也开设了起来。从表面上看，这些旅游门店跟其他旅行社并没有什么区别，都有短途、中途、长途等各种特色的旅行线路，但比较和体验之下，发现价格更实惠、服务更贴心。相较于一些掺杂了若干购物环节的旅游线路，它们是纯粹的旅游，体验感很好，很有竞争力。旅游结束之后，一些有养生需求的客户会被点对点地邀约至产品专卖店，进行品尝体验，在这个过程中才会进行产品科普和品牌文化宣讲，因为此前已经建立了足够的信任关系，真正有需求的客户自然乐于下单购买。通过旅游收新，品牌门店的运营模式享受到了一些红利，部分区域市场也取得了较好的业绩。

然而，基于店销在商业模式上的固有问题，需要新的营销思路，很自然地，数字化成了理所当然的最优选择。

第三章

数字化社群

随着4G、5G技术的普及,智能手机与网络购物也已经非常普及了,基于移动互联时代的零售创新与变革鏖战正酣,由电商平台首先发起的"新零售"以颠覆者的姿态正席卷而来。中国互联网络信息中心(CNNIC)发布的《中国互联网络发展状况统计报告》显示,截至2018年12月,我国手机网民规模达8.17亿人,网民通过手机接入互联网的比例高达98.6%,而网络购物客户规模达6.10亿人。

邵世海其实很早就开始研究数字化与零售变革的问题,也非常重视客户数据的收集和整理,但对于如何用数字化改造大健康行业固有的运营逻辑和营销模式,彼时仍没有找到有效的思路与方式。从结果来看,那些年从会销模式到店销模式的转型是很成功的,也基本明确了下一步的方

小店经济：
社区小店凭什么持续获利与快速裂变

向是要触电和数字化。但究竟如何推进，总部层面还需要更多的探索和实践，这个重任就落在了丁国维团队的肩上。彼时，他在不同场合跟大家交流，都会鼓励大家尝试把数字化社群做起来。

一些市场开始行动起来。早前，店员都是通过手机联系客户，聪明的店员会自己用纸笔将客户进行分类，通过面对面的交流，把掌握到的情况，如基础信息、到店次数、购买情况、消费偏好等都一一标注清楚。后来，最普遍的做法是店员点对点加上客户的微信，在微信上备注分类客户，效率更高、更精准。同时，以门店为标签建群，群里统一发消息、发红包，社群的概念就出现了。不过，当时的群只有一个信息交流与互动功能。比如，发布活动通知、预告促销政策。很多群建起来了，也仅作为与客户沟通交流的辅助手段，运营得也不好，大家仍以电话交流或线下见面为主。

当时推动不迅速、效率不高的原因，是有两个心理层面问题需要解决好：一是从店员的层面，原来客户都是点对点精准服务的，现在要建群，相当于要把客户关系分享出来，担心有失去客户的风险。对于店员的这层顾虑，庄泰的做法是以首次成交的客户关系为准，确认之后在体系内永久承认。后来总结知道，这个销售员就是最终面向客户的服务者,是增进客户信任关系的最关键一环,是我们要着重培养和保护的大C。二是大部分店员有疑问:既然见面的效率更高,为什么还要把客户往线上引导,是不是多此一举?而且,一些中老年客户并不习惯用智能手机,看消息、回消息都挺费劲,还不如点对点进行电话沟通效率更高一些。这一层,对于很多客户来说,智能手机、社群的使用习惯需要慢慢培养,但这是发展趋势,是不可逆的。客户关系数字化不仅能提升效率,模式还可以拓展和迭代。只不过,当时来看,如何进行迭代和升级仍没有明确的方向。后来,众所周知的一场席卷全民的新冠疫情使门店的线下零售被迫全面冻结陷入困境,数字化的魔力才被真正地发挥和释放出来。

2020年,丁国维也没有想到,"不能跟客户线下聚会"的预言这么快就变成了现实。门店关门,所有人居家办公,线下聚集被严格禁止。这突如其来的意外事件把很多市场都打蒙了,年初制订的活动计划全都泡了汤,大家都被关在家里,完全不知道该怎么办。拥有商业社群的市场马上意识到,可以通过线上交流,把客户关系维护起来。

当时的商业社群非常热闹,因为大家出不了门,只能通过线上沟通聊天。大家在社群里表达得最多的就是基于正常生活的消费需求。甘肃兰州、山东临沂、湖北武汉这

小店经济：
社区小店凭什么持续获利与快速裂变

些发展稳健的市场已经提前建好了几个客户群，原来不知道怎么运营，现在成了大家与客户沟通的主要阵地。当然，这些沟通的目的并不是卖货，而是帮助客户解决问题。一开始是个别行动不便的老年客户，有店员趁着自己每天唯一的出门机会，点对点地帮忙购物，送到门口，无接触取货。在那个特殊时刻，人与人之间已经完全跳出了商业合作的范畴，就是把客户当成了亲朋故旧，想方设法去帮忙解决问题。后来一段时间，缺粮少菜的情况具有一定的普遍性，店长店员们联系当地的基层政府与商场超市供应商，通常能争取到一定配货的支持。他们隔三岔五地在社群里发起跟单团购，包括米面粮油、蔬菜水果、生鲜干货。当时的情况紧急，只要有货品，无论价格多少，都会被抢购一空。社群的功能非常聚焦，就是帮助客户解决实际问题，运营效果很好，客户发自内心地表达感谢。

管控情况稍微好转后，人们可以出门，但不允许聚集。门店也会在商业社群里不定期地发起羊奶系列产品的团购，客户基于对品牌的信任，基于对前端社群组织的货品团购的信任，也基于对提高自身免疫力的刚性需求，在几种因素的叠加之下，经简单科普之后，新老客户下单都非常积极。那段时间，针对生鲜蔬果、日用百货以及营养品，社群会不定期地发起团购，人们在社群里养成了日常消费习惯,只要有需求,就果断下单,到店取货。品牌门店不期然发展出了社群电商的模式,不仅可以销售品牌门店专业范畴内的系列营养品,还可以销售日常生活的消费品。当然,那个时候的社群团购是从问题出发,从需求出发,反向寻找供应链对接,无论是货品还是营销节奏都显得很随意,没有也无法做出整体规划。并且,没有数字化工具做连接,表面上看着是红红火火,实际上几个市场之间、几家店之间没有统一规划和组织,甚至同一家店的几个商业社群之间都是割裂的,各自为政,不成体系,没有规模效应,也没有形成合力。最关键的是,当时物流不畅,很多货品是稀缺的、供不应求的。所有团购产品都是先求有货,价格不论,品质有保障就行。因此,大多数产品的价格是反常的,不具备可持续性。

若以上帝视角来看,基于门店老客户组织的社群团购并不是技术门槛非常高的零售创新,在理念上也没有什么了不得的成功秘诀,他们实践的商业逻辑简单而清晰,那就是"不玩套路,真诚帮忙"。其实,在武汉、兰州、临沂等市场进行社群团购实践的同时,整个社区团购行业已经发展得如火如荼。

社区团购是指以小区为单位集中采购生鲜和日用品,以"团长+社群+次日自提"为主的运营模式。据媒体考

小店经济：
社区小店凭什么持续获利与快速裂变

证，这种模式早在2016年就已经出现。彼时，无论是武汉、长沙，还是南京、上海等大城市，人们已经养成了线上购物的习惯。社区团购采用"以销定采"的预售模式，商家可以根据订单量进行采购和配送，降低了库存积压的风险以及运营成本。同时，集中采购和统一配送提高了供应链效率，能够为消费者提供更具性价比的商品。早期以芙蓉兴盛、知花知果等地方团购为主，依赖手抄单和熟人社交网络，聚焦生鲜品类。2020年前后，因各地封城和管控，持续推高了社区团购的热度，美团、拼多多、滴滴等互联网巨头纷纷进入该领域，带来了大量的资金、技术和资源。这些巨头利用自身的优势，如物流配送能力、客户数据资源等，完善了社区团购的产业链，推动了行业的快速发展。媒体关注、资本追捧，社区团购俨然是一个全新的潮流和风口。

当时，电商平台面临着线上流量红利消失、流量成本逐渐高企的竞争压力，发现通过社区团购可以把线下的流量吸附、利用和盘活起来，纷纷抢滩入局。这个在专家口中的"又一个十万亿级别的市场"，吸引各路资本支持的团购平台竞相下场，它们普遍采用的一种竞争策略是用现金补贴吸引人气，用蔬菜水果抢占线下流量，简单粗暴。一时间，"百团大战"硝烟再起，各类毫无底线的购物补贴和价格混战让城市社区居民眼花缭乱，连城市街道基层的农贸市场都受到不良的冲击。2020年底，市场监管总局出台管控政策，限制资本平台的低价倾销和垄断行为，橙心优选、十荟团等平台因资金链断裂退出市场。自此，行业发展逐步回到正轨，截至2023年，行业集中度提升，仅美团优选、多多买菜就占据近90%的市场份额，但盈利模式仍不清晰。

当新冠疫情结束后，全社会回归正常，大家可以出门逛街和消费购物了，大部分曾经火热的商业社群被解散，热热闹闹的团购也归于沉寂。庄泰的数字化转型一直以社群为依托，此时邵总考虑的是如何让社群能够持续运营下去，为门店赋能。周教授的适时加入，输入了重构客户关系的战略理念，在庄泰社群实践的基础上，厘清了新时代的发展方向——小数据中台。小数据指的就是"客户数据"，与客户相关的所有数据都包含其中，如客户的标签、消费偏好、购物频次等。构建一个数字化平台，把小数据持续沉淀在平台上，既是利用数字化重构用户关系的明智之举，也是各条业务线进行彻底数字化转型的必由之路。

创业这么多年，庄泰之所以能够稳健增长，就是高度重视客户关系的结果。不过，在传统的零售模式下，无论是会销还是店销，客户关系都是留存在分布于全国市场的数千名销售顾问的手机上。这是一个很自然的结果，却不

小店经济：
社区小店凭什么持续获利与快速裂变

是一个理想化的状态。因为每个个体都具有主观性和随意性，在对客户关系的认定上，也存在标准不一、方法不对等问题。当务之急就是要通过数字化工具，将客户关系进行彻底重构，用统一的运营方法和思路，把数据留存在数字平台上，沉淀为企业最宝贵的数字资产。周教授把这个数字化体系定义为"小数据中台"。按照这个理念和需求，市场上并没有符合标准的供应商，因此喜抱网应运而生。

喜抱网是由丁国维带着团队开发的，是完全属于庄泰原创的客户数据平台。它的前端以 App 的形式出现，邀请注册制，主要服务的对象是那些直接面对客户的重要角色，包括店长、店员、销售顾问等，即对客户有影响力的大 C，让这些大 C 有能力、有内容、有方法去持续服务他所对应的客户（小 c）；它的后端可以无缝对接小程序、社群团购、社群直播等工具。最关键的是，依托喜抱网，客户的购买行为与消费偏好都可以得到收集与呈现。一句话，喜抱网全面集合从客户到社群、从社群到门店的客户信息，全面打通了从供应端到需求端的行为逻辑。其背后最重要的商业逻辑是采用去中心化的结构设计，以分布式管理的方式去服务客户。客户信任关系，即大 C 与小 c 之间的信任关系，是从制度层面被持续鼓励和永久承认的，平台不会穿透大 C 去服务小 c。小数据中台不是一个概念，而是可以用于实践的数字化平台，既能帮助门店店长和销售顾问更有效地管理与服务自己的老客户，适时拓展新客户，又能让区域的各级合作伙伴更清楚自己的客户留存以及关系远近。

在庄泰体系里，老客户的信任至关重要，需要用心呵护，其需求变化和一举一动都应该得到足够的关注，绝不能等闲视之。要知道，新客户从陌生到熟悉，从不信任到信任，再到深信不疑是很难、周期很长的过程，而一旦受到伤害，信任的消失很可能就在朝夕之间。结合多年的实践，丁总团队逐渐意识到，喜抱网首先要成为赋能大 C 的数字化工具。小 c 是最终消费的客户，而大 C 是在终端服务小 c 的团队，如经理、店长和销售顾问，是触达客户最重要的一环，是建立和维系客户关系的关键。庄泰要创建的数字化平台，首先是一个服务大 C 的工具，让每一个大 C 在社群运营管理中能用上更有效的工具。其次是要尊重客户归属，每一个小 c 客户都要精准对应到直接服务他的大 C，数字化工具是要强化而不是替代这种归属关系。如此，通过数字平台，对大 C 的赋能就不是一句空话。

每一段信任关系都代表了一个不离不弃的老客户，他们才是庄泰公司的立身之本、发展之源。喜抱网围绕客户数据所构建起来的商业体系，是一个完全不同于平台型商业模式的全新模式。在实践中，"总部—合作伙伴—店长—

小店经济：
社区小店凭什么持续获利与快速裂变

"大C—小c"的合作模式经过实践反复调整之后，已经形成稳定可持续的动态平衡，在任何时候、任何条件下，庄泰没有激励、没有理由，也不会穿透小c，对大C与小c之间的信任关系造成伤害。

自此以后，庄泰的数字化进程进入快车道，基于小数据中台的各种全新经营模式也被一个一个地开发出来。最先研发的就是"每天上V厨"。

在社群运营过程中，丁总发现，一条值得被推广的经验是必须在社群里持续输入内容，适时地做话题引导。在不同社群中几经测试，活跃气氛的最重要的话题就是餐饮美食，中国餐饮文化博大精深，只要是和美食相关的话题，每个人都能说上几句，在群里发送和餐饮美食有关的图片、视频，也不会被认为是打扰或冒犯。美食的分享也很容易转化为产品的分享。比如，一盘西红柿炒鸡蛋，用的油、盐、酱油，用的西红柿、鸡蛋，甚至用的锅与碗，都可以成为分享的内容，而通常这些内容若能驱动产品购买，本身也跟广告没有什么本质区别。于是，几经讨论，基于社群活跃度的考量，以餐饮美食的内容为话题切入，进行日常生活消费品的销售转化，这条放之四海而皆准的消费逻辑很快就被邵总用"V厨"这个品牌名给定义了。2021年，丁总把"每天上V厨"注册成公司品牌，一年之后，就开始以此为主题，尝试着以线上直播的方式去精细化地运营社群。这就是后来 V 厨中央直播间的雏形。

在进行直播策划的时候，只有"每天上 V 厨"的主题范围是基本明确的，其他问题还需要反复测试：直播放在什么时间段？一次直播的时间持续多久？怎么做客户激励？客户如何下单？如何送货取货？……丁总团队反复讨论之后认为，并没有所谓完美的规划，最重要的是开始、是行动，每一个问题都是在过程中被解决的。比如，直播放在什么时间段，这个问题丁总团队内部是有讨论甚至争论的，有人认为客户起得早，早上时间是最充裕的；有人认为客户早上要做早餐、送孩子可能忙不过来，不如放在中午，恰好是无人打扰的休息时间；也有人认为，客户忙了一天回到家，吃完饭总要看看直播放松心情，很多公域直播间是集中在晚上，这说明符合生活规律和消费习惯……争议不下之后，大家最后决定，先干了再说。如今把"每天上 V 厨"固定在早晨 6~7 点，一开始可能也有偶然性，干了一年多之后就成了必然事件。所有参与过的客户几乎已经养成了早上起来看直播的习惯。也就是说，只要初心是好的，方法都可以尝试，客户的观看习惯和消费习惯是可以适当培养的，如果当时放在中午，也不会有错。后来的"V 厨星光大道"就被安排在了中午 12 点 30 分，

小店经济：
社区小店凭什么持续获利与快速裂变

客户也没有觉得有什么奇怪，很容易就接受了。

2021年6月底，古都南京，夏日炎炎。在玄武湖西侧直线距离仅几百米远的一幢毫不起眼的办公楼——富升大厦五楼会议室，一场事关庄泰数字化转型的特别会议在此召开。邵总、周教授、丁国维和几位重点业务线的负责人参会，大家复盘了过去半年多时间里社群运营的经验，达成了以社群运营推动业务成长的共识，这次会议正式确定了"以喜抱网App构建小数据中台，赋能合作伙伴和门店；以V厨直播间推动社群运营，常态化提供刚需高频的日常基础消费品，驱动客户信任关系优化升级"的重大转型方向。"V厨直播间"正式出炉，这个基于社群关系构建起来的直播方式，很直观地与厨房生活用品相关，与客户的一日三餐相关，不需要特别的教育和解释，很容易拉近与客户的距离。

其实，庄泰在转型过程中采取的各项策略并不是凭空想象出来的，时时处处都跟宏观形势、行业变革等息息相关。比如，直播电商发展得非常迅猛，让消费者养成了在直播间下单购买产品的习惯，直播间的布置、直播镜头的安排、主播与助播的角色定位与配合，小黄车里放商品链接、福袋里"喜点"积分的随机领取，这些直播间常设的技术动作，都很快地被消费者接受并适应。"每天上V厨"

直播正式上线开播，客户完全没有违和感。首先参与进来的是几个市场的存量客户，最早加入早间直播的有江苏、山东、浙江、安徽等市场的若干门店，先由销售顾问跟客户打招呼做适当解释，再在群里发布直播间链接，请目标客户做预约，第二天一早按时上线直播间。

2021年7月，刚刚开发出来的喜抱网App开始试运营，两位在淘宝和抖音直播间打拼多年的小主播——小吴和小李被聘为喜抱网的专职产品主播，通过V厨直播间在庄泰几个市场的商业社群中进行直播。直播的时间定在每周五晚间，直播界面是微信视频号。他们的直播和产品折扣消息，一般早早地就被数百个群主大C用小程序分享到成百上千个商业社群之中了。每场直播一开始，当他们对益生菌、燕麦片、豆腐乳、茶叶等产品进行一一解说时，大部分情况下，他们还没有说完，产品就被抢购一空，甚至有很多人就是来直播间看一看，看到有合适的货品，下个单就离开。

当时，在基于庄泰体系所建立的客户信任关系中进行直播卖货的方式还很少见，直播从餐饮美食与厨房文化的话题出发，商品性价比高，客户有新鲜感，直播间热度很高，客户上线率、平均在线时长、下单转化率等各项数据都很不错。并且，这种直播方式也走出了一种完全不同于

小店经济：
社区小店凭什么持续获利与快速裂变

公域直播的新模式，一小时的直播时间里安排了5~8种商品，每种商品的介绍更加从容和深入，与客户交流互动也更加充分，不存在搞氛围感、逼单等通用的套路，主播反而在直播间里不断提醒客户"按需下单，理性消费"。这些习惯了公域直播的主播，一开始看到数据的时候都很吃惊，原因有二：一是购买主动性太好了。自己刚开播，对于产品仍不熟悉。公司体系内的各种产品有不少，每一个都详细了解需要过程，他们在做产品讲演的时候，感觉还远远没有到"得心应手"的状态，直播间现场的气氛也不需要特别策划，并没有所谓的"氛围组"。换句话说，过去从来没有碰到过如此"轻松"的活，还没等他们放开嗓子喊"买它买它"，人家就已经下单抢购了。二是转化率太高了。按照通常直播的转化率，10%的转化下单就已经很高了，在喜抱网的直播间，转化率普遍超过30%，这是极为难得的，哪怕是很多公域网红头部主播也达不到。

比如，在直播间卖一份豆腐乳，主播可以从容地从豆腐的历史文化故事讲起，讲到用什么样的豆子做豆腐，豆腐如何发酵转化成豆腐乳，吃豆腐和豆腐乳究竟有什么区别，不同地区不同品牌的豆腐乳都主打什么口味……讲了几十分钟，客户在直播间里听得津津有味，结果主播抛出来一个"一元秒杀"，限量供应，大部分客户会毫不犹豫地下单购买。这种营销活动是跟品牌方一起发起的，对于品牌方来说，最看重品牌文化和故事的传播，"一元秒杀"的豆腐乳相当于给客户试吃品尝，购买体验好了，他们自然会寻求复购，至于是在直播间买，还是在别的超市买，品牌方都是最终的赢家。

直播一段时间之后，销量数据上来了，大家对前景非常乐观，一个比较棘手的问题随之出现了：客户到哪里去取货？

当时，直播间里有这样两类客户：一类是原有门店推送进来的客户，这部分占比非常高，黏性也非常高。因为他们知道，这个直播间是销售顾问介绍的，销售顾问认识，门店也去过，他们没有什么后顾之忧。针对这类客户的订单，直接把货品发送到对应的门店，让销售顾问点对点通知客户上门取件即可。引导客户上直播间，客户下单、到店取货，不仅可以增加部分收入，也自然地增加了与客户见面的机会，销售顾问的积极性非常高。事实上，在一些门店的实践中，这些经过一段时间沉淀在商业社群里的客户，很多并没有购买营养品的意愿，他们通过在直播间里经常观看和下单购买，自然而然地增进了对公司和品牌的了解，增进了信任关系，当自己真的有需求时就会主动向销售顾问提出。直播间在推荐物美价廉的餐饮美食、日用

小店经济：
社区小店凭什么持续获利与快速裂变

百货之时，顺手帮助销售顾问实现了新客户的信任增进和销售营养品的转化。

另一类是没有门店归属的客户。他们可能是原有会销模式下沉淀的潜在客户，也可能是老客户转介绍而来的新客户。他们一个共同的特点是，对庄泰的品牌文化稍有了解，但可能并不具有强信任关系，没有线下门店做支持，销售顾问的服务也不是很全面。他们是需要被认真对待的新客户。他们在直播间下单后，有的是快递小哥直接送货上门，有的是从城市线下合作的取货点取货。这样一来，客户取货的问题从表面上看是解决了，但消费者的体验感并不好。

几个月过去，丁总团队发现，有门店归属的客户下单购买积极性很高，结果分批分次到店的包裹堆成了山，门店不得不指派专人负责取货服务。他不仅要整理包裹、对照表单，还要为客户上门提供取货核销服务，如果货一多、人一多，取货的客户围在店里，门店正常的营销工作就受到严重影响。而对于那些跟取货点合作的客户，问题更大。无论是送货上门，还是线下取货点自提，都面临着一个"体验感不好"的问题，根源就在于，没有人面对面地跟客户接触。送快递的是小哥，取货点的是工作人员，这些人同时服务多家电商平台，没有必要也不可能跟我们的客户建立什么关系。

丁总意识到，一个天南地北、五湖四海的商业社群组织即使存在，也不适合进行商业变现。V厨直播间能够得到客户的认可和支持，还是源于线下门店里每一名销售顾问与客户一对一的信任关系和用心服务。相较于微信、电话、邮件、语音、视频等交流方式，"见面沟通"是信息交流最充分、情感联系最直接的一种方式。哪怕是陌生人，若能经常见面交流，也很容易构建起强信任关系，"见面三分熟"说的就是这个道理。

如何彻底解决这个问题？开设线下门店的想法就被提出来。既然直播间是"每天上V厨"，线下门店也就按照"每天上V厨"的品牌形象来落地。从2023年下半年到2024年上半年，邵总、丁总和周教授就V厨小店如何落地进行了反复讨论与研判，沙盘推演、门店测试，尽可能地把所有问题前置，做到平台有体系、有工具、有赋能，开店有思路、有步骤、有方法。从直播卖货到小店落地，看似解决了一个简单而紧急的小问题，其实是创造了一个全新的商业模式。2024年7月底，随着3家V厨小店在金华首开，南京、合肥、徐州、临沂等地同步跟进，以社区小店为载体的模式正式进入商业实践层面，在全国各地迅速铺开，蓬勃发展起来。

| 第四章 |

私域的直播

2024年10月21日,南京喜抱网总经理丁国维、金华优美网络总经理林总一行6人驱车赴金华武义的康巴赫集团走访调研,主题是私域电商与选品合作。康巴赫创始人周和平及高层领导全程接待,双方就私域选品合作机会进行了深入探讨。

V厨主打厨房生活,康巴赫是锅具的头部厂商,彼此在品类上高度契合。在康巴赫数字化车间内,标准化、自动化、智能化水平非常高。不粘炒锅的生产制造过程包括若干个技术环节,全自动生产线有条不紊地在运行,从压铸、抛光、拉伸、喷砂、清洗,到检测、打包、装运等,所有环节都通过数字化系统统一控制,金属原料从前端进入,后端出来的就是一个成品锅。这个现代化工厂是非常震撼的,完全打破了人们对传统锅具工厂的刻板印象:走在车间里，没有粉尘、没有异味，眼前是各类型机器手转来转去，不停不歇；耳边是金属敲打声有节奏地此起彼伏，轰隆轰隆；整个车间里仅见到少数几个技术工人，不急不躁。这些工人的任务是实时监控机器运转数据，说白了就是监督机器干活，没有印象中的精神紧张、汗流浃背，反而是成竹在胸、闲庭信步。这样的智能化生产，生产线效率非常高，目测1分钟能出产好几个，更主要的是，计算机和机器出错的概率几乎为零，产品品质能得到有效保障。

康巴赫创立于2012年，专业生产家庭健康锅具。2013年开创蜂窝锅品类，解决传统不粘锅涂层容易脱落的问题，推动锅具行业变革。2019年，康巴赫研发出"荷叶仿生不粘技术"，通过"表面材料不粘"与"结构仿生不粘"，让锅具在烹饪时迅速形成并锁定一层薄油膜，达到真正的0涂层不粘效果。自2024年4月1日起，康巴赫放弃一切涂层锅具产品的研发和生产，率先进入"0涂层不粘时代"。周和平向喜抱网介绍，每口涂层锅，正反两面平均耗用涂料约100克，中国每年约有1.5亿口锅投入使用，70%是涂层锅，也就是1.05万吨涂料。一个家庭一口锅，一亿多口涂层锅，影响的是数亿人口。人们一日三餐几乎都离不开锅具，数亿人每天都暴露在摄入1.05万吨涂料的风险之下。"我们的目标就是希望大家餐餐放心健康饮食，拒绝

小店经济：
社区小店凭什么持续获利与快速裂变

涂层锅因涂层脱落而带来的日常'毒药'。"

周和平特别分享了过往在公域销售的真实案例。康巴赫天猫店是公司授权的代理商开的，前几年有一段时间卖得特别好，一天能卖几百口锅，单价为399元。经过研究，发现用户是从抖音、小红书等地方了解了品牌之后，过来下单购买的。后来，公司总部想乘胜追击，再上一个目标。当时想到的就是公域，就在广告策划公司的建议下，花了2400多万元，在30个城市的电梯间去投放广告，持续了15天，结果几个月下来，发现销售数据也没啥增长，"事实上是没啥用，打水漂了"。

公域直播起来之后，一些头部主播主动求合作，每年销售3亿元左右。比较典型的是2019年，抖音某头部主播团队提出合作条件，399元的锅要破价299元，每个月破价一次，一次能卖2万多口锅。而只要直播间一破价销售，天猫店的常规销量明显就会受到影响。其实是很多天猫店的客户被抖音直播间截流了。2020年，快手某头部主播团队提出合作需求，当年的"双十一"要定50万口锅，需要更好的机制。机制的设计是，在破价的基础上，卖炒锅赠送铲子，如果不满意，把赠品留下，把主品退回。当时一场直播卖了38万单，结果退货10万单。直播间的数据是足够漂亮了，而品牌商这里却有苦说不出，里外里一算，赔本赚吆喝。

公域直播的套路都差不多。"一年的钱，如果一个月能挣掉，为什么要等一年""公域每进来一个流量就要花钱，赶紧进行收割""韭菜你不割，也会被别人割"……类似的观点非常多。按照流量思维，只有平台能做流量分发的生意，其他依托在平台上生存的所有人都是"带镰刀的"。品牌商也很痛苦，不合作就没销量，有销量又没钱赚，内卷和破价无处不在。周和平感慨，如果把用户比作池塘养鱼，"抖音是用网兜，每个月捞一下；快手是用杀鱼剂，直接把大鱼小鱼都毒杀了"。

2016年，直播电商开始出现，几年之后，直播带货异军突起，成为一种极具影响力的销售模式，直播电商融合了会销的现场互动性和电商的便捷性。电商直播的本质是消费者关系的迁移。电商直播，不管是淘宝、抖音，还是快手，直播间的流量都主要是由算法推荐和社交推荐而来的，马太效应明显。一些网红主播突然间大红大紫，替代电商平台成了销售的关键节点。直播电商的热度在2020年初蹿升到顶点，几乎到了"万物皆可播"的境地。不管是出于尝鲜、好奇，还是责任、道义原因，网红、意见领袖、知名企业家、政府官员纷纷出现在手机直播间里，通过淘宝、抖音、快手等平台直接面对消费者，介绍和推销各种

小店经济：
社区小店凭什么持续获利与快速裂变

产品。直播电商成了新的风口，其外因是新冠疫情的偶然暴发、快速传播和居家隔离，内因则有多个方面因素：一是技术储备，从 4G 到 5G 的移动互联技术，让信息传播主渠道从图文、语音快速迭代为视频；二是平台布局，包括淘宝、京东等在内的传统电商纷纷寻求转型突破，短视频和直播的方式更加形象生动，自然成为布局的重点；三是消费者喜欢，不同类型的直播夸张讲演、现场体验、实时互动都让消费场景更加生动有趣，主播的议价能力对商品成交又有加分，消费者也乐于埋单。

在传统模式下，一个产品从出厂到销售要经历很多环节，如出厂、运输、经销商、分销商、商店或者大卖场，最后才能到消费者手里。而直播电商对这种零售模式进行了彻底重构，拉近了与消费者的关系，这是它能够爆发式增长的根本原因。具体来看，直播间重构了电商平台的搜索排序和平台比价，主播替代了客服，以意见领袖和选品达人的身份进行商品推荐，更容易得到消费者的认可。无论是通过头部网红带货，还是品牌方自播，品牌通过手机屏幕就与消费者实现了更直接的、更生动的、更紧密的连接，压缩了成本，提升了效率，丰富了体验。

直播电商重要发起者和参与者——MCN 机构、视频平台、主播团队，他们之间的关系微妙而复杂，既有协作也有博弈。头部主播在流量中获得了更多的权重,可以跟平台进行一定程度的谈判和博弈;平台却不愿意看到"一家独大",而是希望培育出更多的"腰部网红",进行价值和权益分流。那些拥有数百万、数千万粉丝同时涌进直播间的头部网红,实际上依然是靠流量平台持续输入流量,用直播电商进行变现,这些网红主播的成长既有自身的努力,也有时代的机遇,属于成功个案,很难复制;为数更多的"腰部""中部"网红和"企业播""品牌播"则纷纷陷入对平台流量的依赖,流量费用水涨船高,没钱买流量,就很难实现销售变现。消费者走进直播间,大多是偶然的、凭兴趣的,他们在直播间下单购买,也是冲动的、非理性的。消费者在直播间下单,究竟是冲着品牌去的,还是冲着价格折扣去的,或者冲着与主播的粉丝关系去的,并没有办法进行严格区分。而且,消费者在不同直播间切换观看极为便利,手一滑就来了,手一滑又走了,他们与主播的信任度难以有深度积累。

因此,公域直播说到底是流量的游戏,参与者因流量红利而快速生长,一旦流量红利消失,也必将陷入流量成本高企导致的一系列问题之中。近些年,头部主播在直播间屡屡翻车的事件层出不穷,也从侧面验证了这一趋势。在"公域直播"良莠不齐、收益递减的时候,反而是一种

小店经济：
社区小店凭什么持续获利与快速裂变

可以被称为"私域直播"的模式正在成长壮大。我们看到的景象是，一些已经拥有社群关系和强社交关系的公司，采用"私域直播"这种更加形象生动的方式提高信息传播的效率，快速实现成交转化，收到良好的效果。

　　需要特别指出的是，很多人所说的"私域直播"并不是我们认可的私域直播。真正的私域直播，私域才是关键，直播是工具和方法。只要有了私域，工具是可以随着时代变化的：社群团购好用，就可以建立私域社群；直播电商好用，就可以做私域直播；短视频好用，也可以搞短视频。公域看的是流量，是用户规模；而私域看的是存量，是客户信任关系。研究私域，就是要搞清楚通过什么方法才能跟客户建立稳定而持久的信任关系。原先很多人认为，拉个微信群、建立社群就是私域，这恐怕是一种误解。一个微信群里有来自天南海北的客户，大家的需求多样、喜好不同、兴趣不一，在没有特殊的价值标签之前，不会有什么信任关系，因此也不可能有什么实际价值。我们认为基于血缘、族缘、地缘等基础关系而构建的社群才更有信任关系，如亲友群、同学群、同事群等。从商业逻辑上看，基于地缘关系的商业社群具有一定普遍性，是可以进行商业化运作的。通过线下门店可以很方便地与就近的客户建立交易与信任关系，这也是很多私域平台积极在线下开店的核心原因。通过线下门店收新,通过直播间进行转化,是私域直播的常规做法。值得特别强调的是,在收新和转化之间,还应该有一个客户信任关系的运营和维护的过程。

虽然从表面上看,无论公域直播还是私域直播,都是通过视频直播的方式向观众传递信息、展示内容,都需要借助网络平台和直播技术实现实时播放和互动,大家在直播间的布置,手机端的呈现,主播与助播的出镜,发福袋、小黄车上链接,这些直播电商技术手段都大同小异,但是,从商业逻辑上看,私域直播在以下诸多方面,还是有巨大的不同。

其一,直播受众的来源完全不同。公域直播依赖平台的算法推荐来获取流量,观众多为随机进入直播间,受众范围广、规模大,但忠诚度相对较低。以淘宝直播为例,众多消费者在淘宝平台上浏览商品时,可能会因为直播的标题、封面或平台的推荐而进入某个直播间,这些观众可能对主播或品牌并不了解,需要主播通过优质内容和优惠活动吸引他们关注与购买。有一些团队就在专门研究算法推荐的原理,期待用优质内容驱动,能够获得平台更多、更丰富的流量支持。相对而言,私域直播面对的是自有的客户,这些客户对公司或品牌已有一定的认知和信任,受众相对精准、规模较小,但忠诚度高。在社区小店体系里

小店经济：
社区小店凭什么持续获利与快速裂变

的各类型直播间都是私域直播，所有参与直播间的客户都是他们所属的门店店员点对点邀请进入的，他们去过门店，也见过店长或店员，甚至在店里买过商品，大家时常有交流，已经有了较强的信任关系。当店长发链接推荐他们去直播间时，他们也会很自然地对直播间抱有信任度。先有私域，再有直播，这才是私域直播。并且，这种推荐不是盲目的、大海捞针的，在不同主题的直播间，店长会根据自己对客户的了解，邀请不同的客户参与进去，与客户的需求精准匹配。

其二，互动与用户关系完全不同。在公域直播间，虽然有弹幕、评论等互动功能，但由于观众数量众多且来源广泛，主播难以与每个观众进行深入互动，与观众之间的联系相对较弱。而在私域直播间，主播与观众之间的互动更为密切和深入，可进行一对一问答、定制化内容发布等。因为观众是经过筛选的精准用户，主播能更好地满足他们的个性化需求，增强用户黏性和忠诚度。在V厨小店私域直播间里，一个小伙子由公域直播间转型而来，刚刚担任中午星光大道直播间的主播，因为对产品不熟悉，所以都是照着稿子念。评论区的弹幕互动非常积极，有调侃、有打趣："你讲的这个是什么东西，有点不清不楚的""你跟早上的好好学学，比人家差远了"……小伙子勤勤恳恳，每天都按时开播,有不好的地方及时优化,一个月之后,评论区的风向就变了:"小伙子人不错,抗压能力很强""小有进步,还是蛮不错的"。再有新人说主播不行的时候,有一帮人说:"很可以了,不行你来播。"很多店长刚开始直播的时候,不够专业,非常紧张,面对手机摄像头,说话磕磕绊绊,评论区的弹幕都是鼓励:"别着急,慢慢说""你上链接吧,我们买,别介绍了""看你满头大汗、满脸通红的,实在看不下去了,我买还不行"……然后,热心的客户第二天还会到店里来告诉店长,下次直播应该这样改一下、那样动一下,效果就更好了。

其三,产品推荐与变现方式完全不同。公域直播主要通过打赏、带货分成、广告分成等方式实现变现。主播依靠自身的影响力和直播内容吸引观众打赏,或者与品牌合作进行商品推广,从销售业绩中获得一定比例的分成。对于公域主播来说,流量是可以付费购买的,销售规模(GMV)大于一切。在一些重要的时间节点,会不计一切代价寻求销售规模,所谓的氛围组、逼单等方式层出不穷。2023年,淘宝某头部主播直播间"双十一"首场直播观看量破亿,GMV达到20亿元,但退货率约为30%,平台抽成加上投流成本占GMV的20%~30%,综合利润并不高。并且,要保持这样的数值高峰,需要持续购买流量,客户

小店经济：
社区小店凭什么持续获利与快速裂变

沉淀难、复购率低。

而私域直播中则更注重消费体验，通过客户重复购买、体验分享建立信任关系，客户不会离开，做的是长期的生意。在私域直播间，主播可以很淡定地讲解产品内容与品牌文化，讲知识、做科普，顺便做点生意。卖个面条，一般会从面条的历史开始讲，不同地区衍生出来的与面条有关的文化，以及不同的面条种类与烹饪方式，很有趣，也有深度。其实，面条也就9.9元一包，大家在直播间听得却很有趣，哪怕是为了这些自己未曾了解过的生动故事和历史知识，自然而然就下单购买了，心里也会觉得很值。这样，主播和客户之间就形成了一种惺惺相惜的感觉，很多客户看主播苦口婆心，播得很辛苦，也愿意长时间停留，稍作支持。没来也就算了，既然来了，一场直播，总要下个单支持一下，如果恰好又是生活所需就更好了，很多购买行为就自然而然地发生了。

了解到私域直播的这些特点才会明白，为什么在观看时长、转化率、退货率、复购率等关键数据上，私域直播间能够碾压式地超越公域直播间。一句话，私域直播是"存量深耕"，公域直播是"流量拓展"，各有各的功能和价值。只不过，在流量费用高居不下、越来越贵的趋势下，公域直播越来越难以挣钱。很多参与者是被迫转向私域直播的，把行业热度突然间推高成了所谓的风口而已。若不理解私域直播背后的商业逻辑，一些参与者随波逐流地进来，在没有任何私域积累的前提下，就试图以资本驱动流量去私域直播再收割一波，则注定会失败，只能沦为成功者的垫脚石了。

小店的实战案例

第五章

兰州小店突围

从2010年开始,庄泰就在全国范围内推动营销体系全面向店销转型,在这一轮转型过程中,很多志同道合的合作伙伴纷纷涌现出来,甘肃省兰州市场的土总团队就是其中的佼佼者。

兰州市是甘肃省省会,已有2200多年的建城史。兰州市地处黄河上游,黄河穿城而过,自古就是"联络四域、襟带万里"的交通枢纽和军事要塞,也是历史悠久的黄河文化名城,素有"黄河明珠"的美誉。兰州市是甘肃省政治、文化、经济和科教中心,常住人口443.65万。2023年,全市GDP达3583亿元,城镇居民人均可支配收入为4.2万元,保持6%以上的年增速,但略低于全国平均水平。土总是典型的西北汉子,在兰州上学和工作,也在兰州创业,是最早与庄泰合作开设冠羚羊行门店的创业者之一。

小店经济：
社区小店凭什么持续获利与快速裂变

"在这个行业干了 20 多年，我们深有体会：我们一定不是最聪明的，也不是最能说会道的人，包括管理模式、组织形式、产品营销，跟兰州同行相比，我们几乎没啥优势，看起来根本不会成功。"土总是兰州宏海庄泰的创始人，创业 10 多年来，经历了行业的几轮波动。大健康行业是趋势，蕴藏着巨大的发展机会，但实践需要考虑的事情千头万绪，能够稳健发展至今殊为不易。

土总坦诚，如果说兰州市场做出了一点成绩，根本的秘诀在于：全面对接南京庄泰的业务条线，在兰州复刻南京庄泰的发展模式，坚持以客户为中心，为客户提供优质产品和服务，坚持长期主义。他说："通常一条街上同行五六家，竞争异常激烈，但跟着我们一起坚持 3 年以上的，几乎没有。许多同行都在跟风赚快钱，看哪个模式火爆就做哪个，追着风口跑，一直在选产品、选模式，结果呢，热度起来得很快，消失得也很快，他们的产品几乎没有复购，都是一锤子买卖。庄泰不一样，我们用长期主义服务客户，有很多 10 年前买羊奶的客户，我们还在持续服务，久而久之，我们就慢慢地成为兰州地区的领先者。"

土总上大学时学的是临床医学专业，2000 年毕业以后不甘心回到老家，就留在兰州市找工作。因为保健品行业跟自己的专业有一定的相关性，他很偶然地进入了这一行，从一线业务员做起，在兰州市一家保健品公司一干就是12年。直到2012年10月，土总在遇见邵总、遇见南京庄泰之后，决定自己组建团队开店创业，兰州宏海庄泰就这么成立了。

彼时，甘肃省兰州市是全国食品安全示范城市，要在全国率先规范保健品行业。2013年，有关部门就明确提出要求，所有食品经营的企业必须有线下的实体门店。当时几乎所有保健品企业都开在办公楼，采用会销的方式来搜集和转化客户。公司刚创办就面临运营模式由会销向店销的转型，土总原有的工作经验感觉一下子用不上，只能回过头来从零开始学习如何开设线下门店。

创业之初，土总自己先去南京总部听课学习，然后带着高管们一起飞南京专题学习，紧张的时候每个月都飞两三趟，学习的内容包括冠羚羊行的品牌文化与理念、羊奶粉的专业知识、团队与组织管理模式、专卖店选址与营销模式等，基本上把庄泰已有的管理经验掌握到位，再把这些关键节点一一"复刻"到兰州市场。邵总和曹总也为土总团队的全力以赴精神所感动，特别开了一个绿灯——兰州团队在实践过程中碰到任何问题，都可以点对点地反馈给南京，总部会尽其所能给予支持和解决。

创业早期的几年间，他就是用这种"扎硬寨、打呆仗"

小店经济：
社区小店凭什么持续获利与快速裂变

的心态，带领团队在兰州市区开设冠羚羊行专卖店。从一家店到两家店、三家店，再到五家店的规模，修炼内功，培养和锻炼团队，稳住客户的基本盘，没有进行大规模的拓展。当时几家门店，一般包含产品陈列区、客户体验区与财务结算部三个功能区，面积为80~120平方米，店租与装修成本也在可承受范围之内。一家门店配备6~9名员工，加上主管经理和店长，单店形成8~10人的团队规模。在营销上，3人组成一个小组，独立去开拓新客户，以及对存量老客户进行精准服务。老客户只要到店，都会有负责对接的销售顾问请他坐一坐、喝喝茶，面对面进行一些简短的交流，顺便看需求买点产品。这种交流都是一对一的，很自然的，沟通的信息很真实、很有价值，客户体验感也比较好。当然，每家门店定期也会围绕节日、纪念日策划举办一些小范围的主题沙龙活动，定向邀请老客户参加，给大家提供面对面交流和沟通的机会，加强客户对品牌、门店的信任感，效果也很好。

"第一次成交之前，我们跟同行相比，可能是不太擅长的，节奏会慢一点，周期会长一点。"土总分析，兰州团队最擅长的事情，是在第一次成交建立关系之后，持续深度经营客户关系。不管是服务理念，还是核心产品，都应尽量满足客户的需求。结果就是越相处越信任，越相处越有感情，客户的忠诚度越来越高，很少会主动离开。在商业世界里，可能是无意之间，兰州团队摒弃了流量思维，直接按照客户思维，在经营客户的信任关系上下了大的功夫，走了一条以客户为中心的道路，成效显著。

经过持续多年的稳定增长，兰州市场核心客户数量达到一定规模，每年的出货量和营收增长都处于领先地位，土总也被合作伙伴们亲切地称为"土哥"。冠羚羊行在兰州当地也是备受瞩目、当仁不让的标杆，一有新店开张或营销活动，同行们都有样学样，亦步亦趋跟着走。兰州市场的管理经验与营销模式既有符合地方市场的特殊之处，也有可供其他市场借鉴的经验和启示。庄泰体系的合作伙伴纷纷组团赴兰州调研学习，土总也被邀约在庄泰的大小会议上向合作伙伴进行无私的经验分享。土总深信，因为信任，所以简单，很多看起来很复杂的事情，在信任关系建立之后，都会变得自然而然。团队之间是这样，客户之间是这样，合作伙伴之间也是这样。"这些年走下来，在企业管理层面，我们最大的优势是现金流很好。我们不欠供应商的钱，客户也不欠我们的钱，这是非常确定的一件事情。我们所有的业务都是没有账单、没有账期的，全都是现金结算，钱货两清，都很好。"

直到 2018 年，兰州庄泰才开始对数字化工具有感觉，

小店经济：
社区小店凭什么持续获利与快速裂变

财务结算系统开始进行数字化改造。而客户端的数字化关系全面重构，还远远没有开始。虽然原有的门店已经持续了十多年，门头可能装修更新过，但品牌名店名没换过（冠羚羊行），主打产品（羊奶系列）也没变过，这样给周边老客户就留下了很靠谱的品牌印象，这就是优势。当然，原有大店、老店问题也有，时间那么长，基本上周边居民看到过、沟通过、了解过，能够被转化的客户几乎被转化完了，很难再有新客户，客户的增量陷入了瓶颈。

更有甚者，兰州庄泰的几个冠羚羊行门店附近，一直有四五家羊奶粉同行"贴脸开店"，他们一比一复制冠羚羊行的模式，几乎把目标聚焦在中老年群体上。大家为了拓新和蓄客，卷价格、卷福利无下限，你发鸡蛋他发红包，你送大米他送红包……一些同行的营销节奏非常快，把营销套路玩得炉火纯青，从拓新到成交一个多月就能完成，完成之后门店转让、团队撤离，换另一个地方，面对陌生的客群重新来一遍。一时间，很多客户也被搞得眼花缭乱。有些客户是来者不拒，既然都可以薅羊毛就绝不手软，先加群再退群的比比皆是；还有一些客户不为所动，喜好清净也懒得分辨，对这类营销不管好坏一律说不。

如果说第一次从"会销"到"店销"的转型，是由各个市场地方政策推动与助力的，那么第二次从"店销"到

"电销"的转型,则是庄泰总部自上而下自觉推动的。在第二次转型的重要关头,兰州团队陷入停滞,他们清楚,创新的方向一定是数字化转型,但究竟如何实践,一个必须遵循的原则是与庄泰总部实时同步。当总部提出要做社群开小店时,兰州市场第一个响应,并落地实施。

在竞争对手毫无底线的"价格战""福利战"的紧逼之下,庄泰的一些老客户也受到影响,一些情绪在社群里蔓延开来。既然有更多选择,依然选择庄泰就需要更强的理由。一时间,迟疑、观望、退出的客户逐渐增多。如果长时间不见面,客户流失率会非常高。这个时候,客户对品牌、对团队的信任关系需要有一种方式、按照一定节奏去积极维护,门店的价值又开始凸显出来。只不过,此时线下的见面场换成了社区小店,而不是街边的大店。

因此,兰州团队开店的基本方法是,围绕原有的一个大店,在周围小区开社区小店,"冠羚大集"、"小冠优选"、"小冠到家"或"小冠优",形成"一大三小"或"一大四小"的格局。小店的功能是深入社区、贴近居民,以生活用品、蔬菜水果等高频刚需的产品取得客户信任,成为数据入口;大店的功能是品牌旗舰店,树立品牌调性,建立品牌信心,服务高端客户。而没有大店的区域,也可以先以小店进入试水,数据量上来之后,在若干个小店集中的

小店经济：
社区小店凭什么持续获利与快速裂变

区域，根据客户需求和数据规模，再决定是否开设旗舰店。

选择开社区小店的原因有三：第一，社区小店是真正进入社区、贴近居民，是持续服务和维系客户信任关系的最佳场所，社区小店是销售流程的最末端，也是居民购物体验的最前端，这是"最后一公里"的完美解决方案，店长、店员和客户面对面接触与交流非常重要。第二，社区小店以蔬菜水果、生活用品等高频刚需的消费为主，采用线上下单、到店取货的模式，区别于传统商超、便利店，也区别于货架电商，90%以上的商品消费行为通过数字化的方式在线上完成，此时，门店的空间大小、货物多少已没有那么重要了。第三，社区小店在租金成本上可以更低，极大地降低了投资风险。同时，小店在组织管理上完全扁平化、去中心化的合伙人制度是极为有效的方式，极大地降低了管理风险。

目前，兰州公司的小店布局仍在有条不紊地开展，既有的小店也在摸索创新的发展模式。它们的发展战略非常明确，那就是深入社区，强化社区门店的服务与产品供应。社区小店更贴近居民区，便于服务中老年客户。这些社区门店具有小投入、易复制的特点，有助于快速拓展市场。社区小店依托总部后端的赋能体系和直播体系，可以快速拓展商品品类，在羊奶系列产品之外，增加蔬菜水果及日常用品的团购秒杀，满足社区居民日常生活需求，是原有冠羚羊行专卖店的有益补充。

"银发经济领域的竞争越来越激烈，我们在与资本平台的竞争中，要保持定力，保持自身特色，即小而灵活。只有小店才能够快速响应市场变化，避免决策失误。"土总强调，"公司同人要保持对行业的敬畏之心，不以短期盈利为目标，而是注重解决客户的实际问题，通过提供更好的服务和搭建更好的平台实现可持续发展。"

第六章

临沂小店求变

临沂市场的快速成长，也是从冠羚羊行的品牌门店开始的。

"我们虽然是销售型公司，业绩固然重要，但我们不将其放在第一位。我们放在第一位的是团队管理、团队人员素质、团队精神面貌。"山东临沂德馨康创始人徐总对团队管理有着独到的见解。他认为，团队的精神面貌好不好，队员之间协作的氛围好不好，是能够很容易感觉出来的。只要团队的精神面貌好、综合素质好，业绩做起来是自然而然的一件事情；如果团队的凝聚力不好，队员之间没有默契、没有共识，某段时间业绩好是具有偶然性的，也是暂时的。

如何打造优秀的团队，徐总是有心得的。他的做法是，对内常态化培训和制度化管理，通过各种类型的会议、活动、团建形成"共识有基础、沟通无障碍"的积极氛围；对外持续招聘，多个平台同时招聘，引进新人、培养新人。临沂德馨康当前设有完整的管理体系，10来个职能部门，10多个战区，50多个市场，几乎每一项工作都有规范的流程、完整的制度，有赏有罚、赏罚分明，而且很难得的是，这些流程和制度都形成了文字，结集成厚厚的一本制度汇编，每年还进行修订和优化。

"我们每年招聘花费几十万元，是必须投入的。"徐总认为，只有通过不断招聘，才能遇到更多优秀的人才；持续有新人加入，才能保持团队的整体活力。团队的晋升流程是，新人从店员做起，老人带新人；一线销售做得好的，成为主管；主管带团队，团队带好了，就升职为店长（也叫行长）；表现得优秀再升职为经理。现在10多个经理、50多个行长，都是由一批批新人慢慢培养起来的。

临沂市地处山东省东南部，是山东省面积最大、人口最多的地级市，常住人口约1200万（2023年）。在城市发展上，2024年临沂市生产总值为6555.8亿元，同比增长5.7%，经济发展态势良好。它不仅是山东省粮食和蔬菜的主要产区，还是全国知名的商贸物流中心。临沂拥有131个专业批发市场，覆盖商品超600万种，年交易额突破万亿元，还有"北方短视频直播电商基地"，带动17万从业人

小店经济：
社区小店凭什么持续获利与快速裂变

员，构建"南义乌、北临沂"的商贸格局。其因亲民物价与商贸活力持续吸引人口与产业集聚，成为淮海经济区的重要增长极。

2010年，徐总开始在临沂创业开店，做各种食品、酒水。到2015年，开了5家店。现在看来，那5家店都不是很正规，装修也不统一，就是随便找个小门头，这个门头有可能在小胡同里边。卖的产品也比较多，有七八十种。当时，大家都比较浮躁，哪个好卖就卖哪个，市场环境也很乱，他没怎么认真去做，都是跟着同行走。后来，政府有关部门对食品销售进行全面规范，某家店在产品上出了一点儿小问题，业务就受到较大影响。

2015年底，徐总决定重新开始，在管理团队里充分讨论，厘清"四轮定位"，即产品定位、团队定位、思想定位和目标定位。整个定位下来，在选品上花心思，在团队建设和思想文化上花精力打造，感觉到与庄泰的整体文化氛围很契合，于是，2016年开启了与庄泰的全面合作，冠羚羊行在临沂逐步开店落地。目标清晰了，团队很快行动起来，2016—2018年，开店速度比较快，在临沂市及周边开设了30多家店，员工的规模也达到了300多人。

可以说，那几年，拓展开店还是很有市场红利的，特别是冠羚羊行这样的全国品牌，在当地有比较大的优势。

临沂团队新店开业活动，店员出去发促销单页，发出去300份单页，能够到店200多名客户，效果非常好。当时，店员出去发一天单页，店里至少要搞四五场宣讲活动才能消化得了。新店开业的流程就变得很简单，员工就是"发单页、搞活动、卖货、送货"这样连轴转，成交效率很高，大家虽然累，但非常充实。各个门店销售额连创新高，团队的凝聚力和氛围感非常好。

结果到2018年，羊奶粉的同行们纷纷在附近开店，并采用类似的营销方法，大家都发单页拉新拓客，搞活动做销售，客户慢慢就对这个营销模式形成免疫了，转化效果越来越差，成交效率也越来越低。后来，智能手机更加普及，大家纷纷采用线上社群的方式，客户的交流也从线下转为线上。特别是新冠疫情那一段时间，大家只能通过线上的方式进行交流，当时也尝试采用一些团购、秒杀活动活跃气氛，特别是一些米面粮油、蔬菜水果等日常消费品，非常受欢迎。然而，回归正常之后，社群活跃度断崖式下跌，由门店组建起来的很多社群里，既有购买过羊奶粉的老客户，也有仍待沟通和转化的潜在客户，还有一些对羊奶粉没啥认知的新客户，想要精细化运营，增加活跃度，提升转化率，也很具有挑战。徐总坦言："现在开新店的速度慢下来了，一些老店我们也会选择阶段性地拓客，

小店经济：
社区小店凭什么持续获利与快速裂变

线下摆摊与线上拉群等方式相结合，但总体来说远不如几年前。"

现在临沂团队在山东地区总共有50来家店，覆盖了临沂与周边几个县市，大部分是老店，也有少数新店。新店面积会大一些，装修标准也会高一些。每家店配置的员工为10人左右，每家店面积在120平方米以上，最大的能达到300平方米。每家店可以服务800~1200个会员。特别地，每家门店都构建起了商业化社群，全部社群加起来，在客户规模上还是很可观的，但如何精细化运营这些客户，需要有创新的思路和方法。

近年来，临沂团队的基本盘守住是没问题的，但业务上要想再上一层楼，面临几个严峻挑战。首先是新客户开发陷入瓶颈。深耕本地市场多年，客户需求经过几轮开发，几乎已经触及天花板，再难有大的突破了。比如，临沭县，在热闹的两条大街分别开设了两家店，基本上能覆盖全县的潜在客户。再想找到新客户，只能去距离更远的新市场，甚至要下农村，且不说客群是不是精准，在团队管理和协作上，肯定要新增大量的成本。其次是同行竞争越来越激烈。由于冠羚羊行在当地干得最久，知名度最高，很多同行都跟着模仿和学习，从门店选址到拓新营销，从员工培训到客户服务，都学得有模有样。社群直播和团购兴起之后就更卷了，不管是卖羊奶还是其他营养品的，都纷纷杀进来，卷优惠、卷价格，拉着客户看直播领红包、领鸡蛋、领各种小礼品。一些客户虽然知道冠羚羊行好，但也会抱着试试看的心态，被吸引着去同行那边买东西。尽管冠羚门店这边也积极应对，增加活动频次，如品牌会、生日会、会员会等，创造跟客户常态化接触和沟通的机会，但老客户流失的可能性始终存在。

转型势在必行，但究竟该怎么做？在一年多时间里，临沂团队跟南京总部反复研判，最终决定先稳定基本盘，充分利用数字化工具，在存量中寻求增量。于是，带有试验性质的两家V厨社区小店陆续在临沂开张。

社区小店基本的商业逻辑是：其一，重新定义客户群体。原来的目标客户群体是当地的离退休人员，员工在拓展新客户的时候，须凭"退休证"才能登记，这就把很大一部分群体排除在外。重新定义客户，只要是有消费意愿也有消费能力的新老人，不管有没有退休，不管有没有退休证，都可以成为潜在客户。这相当于极大地扩大了客户的范围。其二，重新激活准新客户。原来的销售内容：核心产品就是高客单价的羊奶系列产品，各种营销动作和用心服务都是为了成交、续单和翻单而安排的，成交与否、成交多少是衡量与客户紧密程度的一条重要标准。然而，

小店经济：
社区小店凭什么持续获利与快速裂变

有真实需求又有经济条件能够持续成交的客户毕竟是少数，那些已经建立联系的没有成交的客户还是占更大的比重，他们是"沉睡客户"，按照过去的服务逻辑，不成交就无服务，这群人都被主动忽略掉了。这群人也需要用新的数字化的方式去激活。

V厨社区小店恰好是主打生活用品、水果蔬菜的厨房生活便利店的定位，销售的都是一些低值易耗、刚需高频的厨房生活必需品、日用品，满足的是社区居民日常生活所需。这样一来，消费内容大大丰富，客群范围也大幅增加，可以说，临沂数百万名城市居民都是潜在客户。V厨小店的后端通过数字社群、直播团购的方式，低成本地实现了转化，也极大地降低了沟通成本和服务难度。徐总考虑得更周全，V厨小店还有两个好处：其一，对于客户而言，这个品牌是全新的，与原有冠羚羊行进行了区隔，对于原有市场和老客户的基本盘没有任何影响。其二，V厨小店的成本可控，运营又有总部后台的中央直播间来牵头，选品与直播的专业程度值得信任，售后服务又有保障，非常适合用于日常客户的运营与维护。

从2024年8月开始，临沂团队用两个原有市场的"沉睡客户"和两家V厨小店拓新的客户进行了三四个月的试验，推荐客户上中央直播间，各项数据显示直播效果非常好，客户在直播间下单很积极，月均销售额从80多万元到100多万元，再到200多万元，持续增加。大家在直播间下单，看重的是质优价廉，而且到店取货很方便，售后退换货也没啥压力，形成了一个正向循环。到2024年底，临沂团队基本就明确了新的方向，在稳定基本盘的基础上，用V厨小店去占领新市场，盘活老客户，获取新客户。

| 第七章 |

金华小店首开

当专卖店模式在全国范围陆续开展之后，人们发现，旅游产品是最容易结交好友、建立信任的场景之一，通过"旅游+店销"的模式，可以快速与目标客户建立强信任关系，更精准、更有效地进行销售转化——因为人们在旅游的时候心情愉悦，伴随美景美食，很容易与陌生人成为好朋友。说干就干，庄泰很快就成立了一家名为"我想去看看"的公司，专门为中老年客户群体定制各种旅游产品，既有一日、两日的短线游、周边游，也有六日、八日的深度游、品质游；特别地，还有一条特色的旅游线路，是专门设计了去"世界硒都"湖北恩施市的深度品质游产品。这些旅游业务线，同步开放给各地的合作伙伴，让大家在各地市场中实践起来。而通过旅游业务，快速进行客户拓新与精细化运营的金华市场是一个鲜活的样本。

第七章 | 金华小店首开

金华市地处浙江省中部，土地面积为 10942 平方千米，常住人口达 720.9 万（2024 年）。2024 年地区生产总值为 6925.5 亿元，同比增长 6.3%，发展势头强劲，在中国百强市中排名第 51。这里形成了以汽车、装备制造、电子信息等为主的工业体系，是浙江最具发展活力和潜力的地区之一。金华市城镇居民人均可支配收入为 7.36 万元（2023 年），在藏富于民的浙江经济板块处于中游地位。

金华优美创始人林总是温州人，2002 年退伍后，他抱着创业的心态在杭州找工作，先是做过电梯公司、广告公司的销售代理，感觉跟自己的想法不是很匹配，于是一年后就加盟了一家营养品公司。2003 年 11 月，在工作能力得到认可之后，他被派驻到金华地区，负责在金华开拓陌生的市场。

2004 年，林总单枪匹马进驻金华，在金华地区成立分公司，组建团队开店，怀着创业创富的梦想，红红火火开始干了起来。先开公司，后开门店，几年时间下来，业务增长很不稳定，起起落落，门店也是开了关，关了再开。业务好的时候也有，不好的时候更多，没有形成稳定增长的局面。金华公司人员最多的时候扩张到 80 多人，到 2010 年又回归到 30 多人。

"这几年干下来，我就发现，单一品牌、单一产品开专

小店经济：
社区小店凭什么持续获利与快速裂变

卖店，满足不了客户多样化的需求，增长空间很有限，哪怕开局不错，也很快就陷入瓶颈。"林总说，如果说做点儿小生意赚点儿小钱，那每年或多或少有一点儿收入，随遇而安就行了。可是他内心深处始终有着更大的创业梦想，背井离乡来到金华打拼，还是期待公司运营发展能有更好的结果。

然而，一个意料之外的问题出现了。2010年底，杭州总公司老板甩手不干了。一纸通知下来，总公司注销，各地方分公司的业务全盘转让或委托给实际负责人。当时林总面临的问题就是是否继续干。他看着金华分公司的兄弟们，大家平时也都挺努力的，虽然业务不尽如人意，但当时也仍是大家养家糊口的依靠。他思虑再三，咬咬牙把业务和团队全盘承接下来，自己成立公司继续坚持干，金华优美就这么诞生了。彼时，新公司要做全新规划，过去的业务逻辑和客户资源都需要逐步迭代更新，当务之急是寻找更多好的产品。林总频繁地出差参会或拜访，能接触到的各种营养品都拿过来不断地尝试，包括跟庄泰也有了一些初步合作。"那几年下来兜兜转转，对专卖店的发展模式还是有点儿迷茫，业务虽然有了基本盘，但总归是增长乏力，回过头去看，算是走了一点点弯路。"

2015年前后，大健康行业里掀起了一波旅游的热潮。

第七章 | 金华小店首开

常规的做法是，买产品送旅游，通过旅游维护客户，或者在旅游之中卖产品。当时，客户对旅游的需求非常旺盛，他们刚开始都是把客户组织起来之后再去找旅行社合作，结果一年多下来并不是那么通畅。因为跟旅行社只是一种合作关系、委托关系，在旅游服务的路线、费用、交通、时间等细节问题上，容易陷入扯皮，严重的甚至影响客户的体验。这个时候，林总发现庄泰成立了一家专门服务中老年人的旅行社，大家定位一样，志同道合，几番合作下来，客户的体验也非常好。他马上行动起来，把"我想去看看"旅游公司落地到金华。

相较于其他旅游公司，"我想去看看"所提供的旅游产品并非独一无二，同类产品的竞争依然激烈。但他们的品质和服务更好，价格更实惠，也更适合中老年人，消费者体验很好，口碑很好。在诸多旅游公司难以为继之时，庄泰的旅游业务板块仍维持住了旅游业务稳定增长的局面。作为一个跨界而来的"闯入者"，庄泰在与深耕旅游行业多年的专业旅游机构正面竞争时，凭什么始终占据上风？其实背后的逻辑很简单，他们做旅游，要的是客户，而不是利润。一旦放弃了硬性的利润要求，旅游产品在设计的时候就从容多了，既可以部分让利给旅游产品的实际供应方，包括酒店、景区、巴士公司甚至导游，以拿到更好的资源，

小店经济：
社区小店凭什么持续获利与快速裂变

获得更好的服务体验，还可以在产品定价上让利给消费者，让旅游产品更有竞争力。

不仅如此，每一次发团，在专业导游之外，"我想去看看"都会按照人数配备一定的专业服务人员，他们负责为全团旅客提供全程陪伴和一对一的贴心服务，旅客有任何需求都会第一时间响应。如果是深度游，需要在酒店过夜，他们通常会免费提供产品试用、应季果盘，餐前有益生菌，睡前有羊奶，为爱喝茶的客户提供好茶，为爱喝酒的客户提供好酒……整个旅游过程以美食美景为内容，旅居体验是很纯粹的，他们绝不在旅途中售卖产品，更不会拉着客户去强制购物；反而是一些旅客觉得产品不错，主动来问询，这时他们才会提供一些知识科普和个性化建议。在轻松愉悦的氛围中，大家很容易相互了解，建立起信任关系，这些以旅游为入口的业务逻辑自然就形成了。

"我们那时候开旅行社有三个目的：第一，希望通过旅行社的端口挖掘更多的客户，销售我们的产品，这个时候，旅游是获客的一个重要渠道。第二，通过旅游服务那些已经购买产品的老客户。这个时候，旅游是权益。第三，把旅游作为第二条业务主线去做，做得好也是有利润的，是一个可以独立产生利润的好业务。"林总坦言，真正让自己觉得公司可以松口气的时候，是在旅行社业务逐渐稳定，

第七章 | 金华小店首开

慢慢产生利润的时候。那几年，林总的金华团队通过旅游产品与客户建立起稳定的信任关系，通过试用、科普、交流、分享等多种方式，让建立了信任关系的客户增进对产品的认识，从而形成销售。当时，旅游线成了所有业务新客户的最重要入口，实现了后续营养品的持续转化。

有了稳定的流量入口之后，林总带领团队在创业的征程上继续创新与拓展。2019年，口腔医疗店开张。2022年，舒福特智能床专卖店开张。这两家门店都是重投入，有一定的专业技术门槛，需要对消费者进行深度教育，才能让他们接受产品与服务。这个时候，他们发现，摊子可能铺得有点儿太大了，并且，各项业务在专业上跨度比较大，很难有效协同。如何让各条业务线有效协同起来？经过多方了解，各种类型的数字化工具，如钉钉、小鹅通、企业微信等都一一尝试过，但用起来效果一直不怎么好。那几年，抖音带货、网红直播之类的线上购物快速兴起，线上与线下相结合的社区团购也风起云涌，一下子到达了历史的最高潮。当时，庄泰也在社群运营、社区团购与线上直播上有诸多动作，这让他隐隐觉得，一定会有合适的工具来帮助他实现业务协同的目标。

"别人可能认为，新客户的开发是最难的。我们这边的业务协同可能更难一些，相当于每项业务都需要再拓新。"

小店经济：
社区小店凭什么持续获利与快速裂变

林总分析说，虽然旅游业务与口腔医疗同属于金华优美，但一个旅游公司的员工在带团的时候，对正在旅行的客户介绍说，公司还有一个口腔医疗业务板块，实际上转化的效率很低。一方面，旅游公司的员工去讲医疗知识，很少能讲得好。口腔医疗需要有一定的专业知识背景才能说得清楚，旅行社的员工能把旅游相关的知识搞懂，把旅游服务做好就已经很不错了，没有必要花额外的时间去培训和学习口腔医疗知识。每个人在一段时间里只能专注于一件事情，很可能某个员工这边学好了，那边又丢了，搞得两边都半途而废，得不偿失。另一方面，旅游客户对这种跨界推荐的体验感也不大好。客户如果牙痛生病，首选的是去公立医院进行治疗，生硬的推荐反而会引起反感。相对而言，日常口腔护理这样的轻服务可能比较合适，但要让客户认可这种推荐，需要建立在彼此一定的信任关系之上。

2024年初，基于喜抱网数据平台之上的小店品牌"每天上V厨"开始在邵总、丁总和周教授的日常会议中成为主角，从理念探讨、沙盘推演到商业模式成形，花了大半年时间，而V厨真正落地实践，是由浙江金华团队推动的。

林总很早就有数字化的意识，各条业务线都通过微信端或多或少积累了一些存量客户，特别是旅行社，客户规模的基本盘还是比较可观的。金华优美面临的问题，更多

第七章 | 金华小店首开

的是旅游、营养品、口腔、智能床等几大门店和几条主营业务之间如何进行有效沟通与协同，实现客户资源共享。他们尝试过很多方式，然而，客户之间有认知的鸿沟，员工之间也有信息的错配，打通这种壁垒始终是具有挑战的一件事。直到庄泰成立喜抱网和全面推广实践V厨小店之后，这个问题才迎来彻底解决的可能。

喜抱网设计的初衷，就是让庄泰已有的业务板块实现数字化转型。庄泰的各条业务线也存在相似的业务协同与客户认知问题。喜抱网的基础逻辑是重构客户关系。喜抱网就是一种数字化工具，可以将过去线下建立的客户关系进行数字化改造，构建起每个业务线的私域。有了数字化的信任关系，先对客户进行分级分类贴标签，了解客户的需求以后再进行精准推荐，效果就会好很多。关键还在于喜抱网拥有"小数据中台"（小数据即客户数据），这是一个去中心化的设计，所有客户采用分布式管理，都是留存在销售终端。换句话说，喜抱网对金华地区的客户进行数字化改造之后，这些客户事实上还是留在金华，需要金华团队进行线下服务和持续维护。喜抱网提供了喜抱e店小程序，可以很方便地发到客户微信群里。喜抱网早间直播一小时（6:00—7:00），提供质优价廉、刚需高频的包装食品、生活用品等，金华团队通过每天在直播间的秒杀团

小店经济：
社区小店凭什么持续获利与快速裂变

购拉近与客户的距离。

在 V 厨常规的早间直播之外，林总还主动策划了诸如家政服务、油烟机清洗、空调清洗、衣服干洗、鞋子干洗等专场团购秒杀活动，都是本着为本地客户提供服务的初衷，虽然挣不了什么钱，但是客户体验和反馈效果都非常好。后来，他们还特别跟金华市婺城区箬阳乡政府部门合作，面向喜抱网全国各地的客户做了一场消费助农的专场直播，仅当地的高山茶叶就卖出去数千份，将地方上滞销的存货一售而空，金额多达十几万元。喜抱网把具有地方特色的农产品卖向全国，帮助农民把茶叶变成了实实在在的收入，因为是源头供货、产地直销，各地的消费者也以优惠的价格买到了好茶叶，这是一个多方共赢的局面。消费助农的直播受到政府嘉奖，金华团队还规划进一步与金华、武义、兰溪等地方政府接洽，寻找合适的时机，推动应季农产品的直播助农。

可以说，到 2024 年中，金华团队用喜抱网进行私域直播和秒杀团购的试验大获成功，因为无论是哪家门店入口进来的客户，对于质优价廉的生活必需品都是不抗拒的，而且线上下单、线下取货方便快捷。旅游等线下门店纷纷成了客户的取货点，每天都有成百上千的包裹快递从源头工厂送到店里，到店取货的客户络绎不绝。客户大部分是

第七章 | 金华小店首开

周边三四千米范围内的社区居民，还有个别距离比较远，有搭乘几站公交车过来取货的老奶奶，有开车跑五六千米过来取货的老大爷。旅游门店的几名员工要花费很多额外时间去整理好包裹，以及对接客户上门取货。很多人偶然路过，看到门店人声鼎沸，也会好奇，纷纷主动加群，希望也能参加团购。这样一来，大量客户每天都来店里发货取货，在一定程度上影响了旅游门店的正常业务开展和游客接待。

自然而然地，重新开设新店成了金华团队的当务之急。说起来，林总过去几年也开过不少门店，有一定的经验，也有一点儿教训，但对于这个新店的功能和定位，思路没那么清晰，需要慎之又慎。从理论上看，这个新店不仅要满足取快递包裹的功能，还需要跟线上直播秒杀的调性很好地匹配起来，并且最好还能成为一个新客户的数据入口。当然，成本控制也是非常关键的一环。绝对不能像原来的模式，开一家店，租金加上装修十几万元、几十万元地投进去，风险太高、回收周期太长。新店必须压缩成本，如一家小店成本控制在3万元以内，原来开一家大店的投入现在可以开10家小店，覆盖和触达10个社区的成千上万名居民客户，这个价值就凸显了。

彼时，V厨小店的商业模式也在邵总、丁总与周教授

小店经济：
社区小店凭什么持续获利与快速裂变

的反复讨论与推演中逐渐清晰，V厨小店要实现线下蓄客、线上直播团购的综合功能，与林总苦苦寻觅的战略方向高度一致。双方一拍即合，金华地区成了V厨小店在线下落地的最早样本。林总说："没有一件事情是偶然的。因为我们前面做了什么，中间走了多少弯路，又学习了别人的东西，才慢慢把这条路看得很清晰。"

2024年7月25日，全国V厨小店的首批3家门店在浙江金华开业，分别位于江南东阳街663号、江北九章路186号、江北得春路21号。金华作为浙江省制造业和消费强市，具备互联网经济基础及高消费能力，成为V厨小店全国试点先行的最好选择，三店齐开的局面可谓盛况空前。在开业之际，林总接受媒体采访坦言，V厨小店的商业模式，经过几个月的实践验证已经获得成功，他还高调宣布未来将在金华及金华周边持续开店、快速开店。他说："在金华，我们希望每一家V厨小店能够覆盖周边走路10分钟、骑车3分钟左右的社区居民。优化他们的购物体验，每天上V厨，让中老年人也能享受到互联网购物的便利和时代红利。"

| 第八章 |

武汉小店崛起

"清单上不管卖什么,从头到尾,只要有的卖,我都买一份,一下子花了两千多元。"武汉市场冠羚小店的负责人阙总回忆几年前自己第一次参加社群团购的样子,依然感慨万千。那是他第一次接触到社群和线上团购。那还是在全民抗疫期间,武汉全面封城,他也被困在家里。家里没什么准备,十几天下来,能吃的东西都吃完了,他只能到处想办法。一个邻居告诉他可以在社群里买东西,拉他进群,他发现有人负责在群里发购物清单,大家接龙下单,群里转账,然后等着专人配货、送货到家。

之后的几天,蔬菜、水果、零食、猪肉等陆陆续续送到家里,他打开一看,心里凉了半截,几乎没有一样是称心如意的。所收到的各类产品价格虚高、分量不足暂且不论,品质也是毫无标准,一言难尽。蔬菜是有烂叶子的,

小店经济：
社区小店凭什么持续获利与快速裂变

水果是被磕磕碰碰过的，零食是放在超市货架上永远不会去买的，最过分的是猪肉，可能都是猪脖子上的肉，到处都是疙疙瘩瘩的，还有一股说不出来的异味，肯定是不怎么新鲜了。

"怎么说呢，这是一次非常糟糕的购物体验，花了很多冤枉钱，买了一堆自己在平时完全看不上的东西，还不能退货，也没地方说理去。"阙总坦言，那是一段不堪回首的特殊时期，大家能有的吃、不挨饿就不错了。后来再到群里下单，阙总也学会了挑挑拣拣，优先考虑一些品牌商品、标准商品，贵就贵一点儿，至少产品本身没有问题。

当时，龚总是冠羚羊行在武汉大区的合作伙伴，负责武汉地区的市场拓展。龚总是老大哥，阙总是小老弟，他带了几名员工，跟着一起创业，开了几家冠羚羊行店。不过那时候，他们都是采用传统等客上门的模式，跟全国其他市场一样没什么创意，天天为拓客拉新而发愁，营收也不尽如人意。这一次突发的新冠疫情，更是让他们好几个月没法开门做生意，老客户要维护，员工工资要发，店面租金要付……一系列经营压力与日俱增，大家都愁得睡不着觉，天天在琢磨该怎么办。2020年5月，武汉虽然解封了，但是大家都不怎么出门，街上几乎没什么车，也没什么人，实体门店开与不开没什么区别，日常经营没什么起色。当时很多人依然习惯在社群里团购东西,社区团购类型有很多,有机构发起的,也有个人发起的,他们或者不够专业,或者发心不正,没把这事儿当成可以持续的事业,购物体验依然很糟糕,没有什么大的改观。经常有人在朋友圈吐槽"一串香蕉十几块""一棵白菜几十块",展现出来的更多是无奈。阙总看在眼里、记在心里,因为他感同身受,就开始琢磨:"如果我来做这个事情,把价格打下来,把品质提上去,我的客户和朋友会不会认可我和支持我?"

说干就干。他们先以原有的几个冠羚羊行店里的老客户建群试水。为了把产品的品质和标准说得更清楚一些,他一开始就放弃了清单式接龙,而是采用更直接的方式——社群直播。他选择的产品也很简单,就是老百姓日常所需的水果蔬菜。他的想法很简单,不玩套路,就是贴近成本价出售,给老客户做选品、做服务、做实惠。当时冠羚羊行的App羊奶站可以用小程序的形式在社群发起直播,他的直播工具也很简单,就是一部手机,没有专门的直播间,没有布景、灯光、特效,不加任何修饰,主打一个真实与真诚。第一场直播,卖的是山里的桃子。

虽然第一次直播的时间与内容已经在客户群里做了几轮预告,但是直播开始的时候,也仅有100多人抱着好奇

小店经济：
社区小店凭什么持续获利与快速裂变

的心态上来看看，大部分是在线下门店见过面、服务过的老客户，还有一些是他的员工和朋友。头一次面对摄像头的阚总有些紧张，但是谈及与桃子相关的话题显得游刃有余——这正是他从小到大最熟悉的领域，对诸多细节都能娓娓道来。他说道，这一批新鲜的桃子，直播结束才会从树上采摘下来，专车配送，当天原产地发货，第二天到店取货，每斤1.2元，5斤一包，说完就有90多人下单购买。这个价值600多元的团购订单，当天傍晚就在农户家完成采摘装箱，随后专车运送100多千米，凌晨送到武汉，上午10点多群里通知已经下单的客户到门店取货。事后一笔笔账细算下来，这单生意还要补贴上路费和油费才能完成交付，属于亏钱赚吆喝。不过，直播间有超过八成的客户用下单购买表达了对他的认可和支持，这也是他建立信心的起点。

事情的逻辑其实很简单：东西是真好，价格是真实惠。当时在武汉地区，同样的桃子批发价普遍在每斤2元以上。水果商可能同样几毛一斤从原产地集中采购，大批量运送到武汉，但不是马上就能卖掉，大部分需要进行分拣、冷藏，必然有一定的损耗，这就大幅提高了成本。然后，这些桃子经过层层批发，送到水果门店、农贸市场或者超市，还要摆在货架上，等客户上门看到了，有兴趣了才下单购买。这个环节还要加上门店店租、人员工资以及门店损耗，他们不卖三四元一斤，也是没钱赚的。客户都是聪明人、明白人，阚羚直播间里的水果每斤1.2元，比一级批发价还便宜，的确是打穿"地板价"了，没有人不心动。如果客户刚好要吃水果，干吗不买点儿尝尝？

事情比预想的还要好。很多买了桃子的客户在群里主动分享"好吃、新鲜""真甜、价格实惠""阚总威武，全力支持"之类的评论，武汉团队适时地建议大家："有邻居朋友感兴趣的也可以邀请进群哦""阚总下周的直播间，我们再一起搞把大的"。短短几天，一传十、十传百，口碑传播的速度超越想象，原有的四五个500人的群很快就满员了，员工要按照客户所在区域手工分流建群。

不期然间，命运的齿轮开始转动了。

第二次直播，阚总选择的单品是苹果，他也为此做了充分准备。果不其然，这次直播间一下子涌进来2000多人，当时安排了个助播，两个人刚开始还没怎么讲，5斤一包、10斤一包的苹果，2.5元一斤，下单链接一上车就直接被抢疯了。这是什么概念？当时武汉最大的蔬果批发市场，同产地、同品质的苹果批发价在每斤3~3.5元，水果门店都要卖每斤五六元。而他们直接从原产地采购，每斤差不多2元，加上到武汉的运费，每斤才2.5元。谁都看得出来，

小店经济：
社区小店凭什么持续获利与快速裂变

这也几乎不挣钱。广大武汉居民被困在家里好几个月，又被所谓的社区团购"肆意收割"，此时有"冠羚直播间"这个品质有保障、价格还公道的购物渠道，自然是分外惊喜，无不奔走相告。

随后，按照每周1~2次的节奏，包括火龙果、葡萄、橘子、包菜、土豆、萝卜、鸡蛋、鱼等在内的各类生鲜都被安排上了直播间，每次直播的时间一般在一小时以内，3~5个单品，没有套路，真诚依旧。口碑还在新老客户中持续发酵，直播间里的人越来越多，团购的规模和金额也屡创新高。

"我们没有办法像超市或者菜场那样种类齐全，什么都能买得到。但是我们一定能做到的是，让大家吃到应季的、最新鲜的、价格最实惠的水果和蔬菜，这是我们一直坚守的核心点。"阙总在直播间里非常坦诚，特别解释了为什么冠羚羊行要来做这个事情，"我们组织这样高品质的水果团购，是为了让大家感受到冠羚羊行的工作人员为人处世的风格，让大家知道冠羚这个企业的理念：产品靠谱，坚守长期主义。如果有人刚好想喝羊奶，希望优先考虑我们，一块儿来支持我们。"

这样的解释非常真诚，且容易让人接受。事实上，因为羊奶能增强免疫力，经历过新冠疫情之后，也的确有不少中老年客户对羊奶粉有了兴趣,在对各种品牌反复比较与权衡之后,最终选择了冠羚羊行。其间最重要的是,冠羚羊行本身的品牌力和产品力能够站得住,也经受住了几十万名客户与各地市场长时间的检验。而冠羚直播间里持续不断、热度攀升的果蔬团购所包含的线下到店取货的环节,让冠羚羊行有机会与新老客户高频互动,起到了持续增进客户信任关系的作用,品牌好感度加分。随着直播间人气越来越火爆,影响的人群越来越广泛,即便他们从来没有主动去推荐冠羚羊行的羊奶粉和蜂胶,这些产品的销量也自然而然地被快速带了起来。

"这些人为什么能够长期待在我们的社群里面?因为他们能够真正感受到我们的用心与真诚持续给他们带来的各种方便、实惠和惊喜。"阙总说,做社群团购最重要的就是体验感,客户通过一次、两次、三次完美的购物,自然会对这个平台产生信任。最早的时候,客户参加团购都是要等到货到店了,亲眼验货满意了之后再付钱购买,后来就演变成群里预告直播时间,但不发布直播内容,很多客户看见预告,都直接跟店长说:"你们今天晚上卖啥?我没时间看啊。但不管卖啥,每样给我订两份,到时候要多少钱告诉我,我线上转给你。"这种类似于"开盲盒"的购物行为在我们各地的小店比比皆是。客户也不傻,为啥这么

小店经济：
社区小店凭什么持续获利与快速裂变

做呢？因为信任，所以简单。其背后的逻辑是，客户对平台已经有了超强的信任感。因为他知道在这里的每一次购物都很开心，体验很好，冠羚的直播平台很靠谱，店长也很靠谱，所以哪怕没有看到货，也"不管卖啥，每样先订两份"。

团购规模通过社群直播快速带起来之后，客户到店取货的问题开始形成困扰。一是原有的几个老店客户量全面饱和，已经容纳不下这么多货品和这么多客户同时到店取货，时常有错拿错放的事情发生，客户体验感也不好，反而牵扯了更多的时间和精力。二是很多客户离门店太远，走路超过15分钟的比比皆是，若来回坐公交、坐地铁，不仅增加了时间成本，也极不便利。武汉确实太大了，甚至有客户从10千米开外过来，即使果蔬在价格上有优势，实际的体验也不够好。三是门店员工超负荷工作，天天应付生鲜团购到货和客户取货的事情就已经忙不过来了，哪还有时间接待羊奶粉的老客户？也不用想再做什么羊奶的新客户试吃和营销了。

这个时候，开新店的想法一下子就在他的脑袋里冒了出来。

然而，这些新店一定不是高投入的传统品牌店模型，它必须满足几个条件：首先，是小店而不是大店。这些新店要快速铺开,满足已经规模化的社群客户的迫切需求。开小店,投入少,回报快,风险可控。其次,不是街边店而是社区店。这些新店必须离客户足够近,越近越好,最好客户走5~10分钟就能到店,方便客户随时到店取货。最后,是品牌店而不是取货点。如果是一般的取货点,容易与诸多电商平台陷入同质化竞争,唯有通过品牌小店,才能够凝聚客户,打出差异化。与龚总、邵世海以及冠羚羊行南京总部董事长曹绍炉、总经理经涛几位负责人反复商议之后,大家一致同意以品牌社区小店的方式,在武汉地区快速开设新店。这时候开店都是被与日俱增的客户数据推着走,规划赶不上变化,品牌小店先求有、再求优,一时间在武汉三镇四面开花,名称也多种多样,"冠羚到家""小冠优选""小冠到家"……后来才慢慢统一到"小冠优"和"冠羚大集"的名称上来。品牌小店的构想和思路有了,回归到实践层面,对于阙总来说,新的问题又出现了:谁来开店?怎么开店?如何能够让更多的品牌小店在短时间内开起来,并且能快速复制与裂变?

"传统的门店模型肯定不行。"龚总提醒道,"我们必须让更多的人有动力参与到这个事情当中来。"这个思路刚好跟南京总部不谋而合,阙总意识到,要快速做大事业,分好钱才是最重要的。于是,他发动原来的员工与身边的朋

小店经济：
社区小店凭什么持续获利与快速裂变

友，让大家去开冠羚小店。每个品牌小店都是一个独立的创业合伙人，冠羚羊行进行区域化的客户分发和直播赋能，店长是大股东，自己当老板，占股普遍在70%以上，最高的能达到90%。因为不是传统的购物场，也不是货架电商，品牌小店面积普遍为20~30平方米，店员也不用很多，一名店长配一名助理就足够了，年租金成本控制在3万元以内，挂个简单的门头，不用特别装修，经营起来就很轻松。品牌小店的基础业务就是依托冠羚直播间的蔬果团购，服务周边三五千米范围内的社区居民。品牌小店获得客户日常销售额的8~10个点营收分成，线上下单、到店取货，客户在购物过程中若有任何不满意，随时退货退款。几年下来，冠羚品牌小店以每个月五六家的速度，快速地在武汉市铺开，不仅能让客户就近取货，提升购物体验，还能积聚小店周边社区的人气，让更多新客户能够有机会进到直播间购物，形成客户数据"从线上到线下，又从线下到线上"的正向循环。

通过这种去中心化的快速裂变模式，冠羚社区小店在短短3年左右的时间里，已经覆盖武汉三环以内的所有社区，并且快速复制到长沙市区、重庆地区。截至2024年底，武汉市100多家小店，长沙市80多家小店，重庆市70多家小店，在城市里的成熟街道和社区进行覆盖，做到1.5~2千米一家小店，单店可以服务周边社区内800~1000个居民客户。有不少冠羚小店都挤在老小区或菜市场里，是不起眼的小门店，最小的十几平方米，门头不大，装修不考究，品牌也不凸显，被淹没在各类传统小店之中。不过，与周边的小店相比，冠羚小店的人气异常火爆，每天从早上八九点开始，到店取货的人络绎不绝，一直能延续到下午六七点关门。客户拿着手机排着队，一个一个等着跟店长取货核销。由于开店速度太快，一些门店甚至连收款一体机都没来得及配备，只好由店长拿着纸质打印的厚厚的表单，来一个客户，拿走一个包裹，他就用笔划掉一行。效率虽然不高，店里却洋溢着亲切而热闹的氛围。

南京总部很早就注意到这个模式的活力，由邵总牵头专题调研了几次，这个思路与总部规划的数字化转型方向高度一致。事实上，从社群团购开始，到社群直播火爆，再到社区小店落地，武汉小店的零售模式边实践边优化，充分运用了直播和团购的数字化工具，穿透传统零售与新零售，融合线上与线下，演化成了一个前所未有的新模式，成了跨越行业周期的鲜活样本。更神奇的点还在于他们所依赖的是自身构建起来的私域社群，稳定性特别高。如今每场直播都有数万人在线观看，每个产品上线都能实现过

小店经济：
社区小店凭什么持续获利与快速裂变

万单的销售量，单场直播能轻松实现超过千万元的销售额，这样的成绩分流到全国范围的数千家品牌小店里，在整个行业里也显得毫不起眼，低调而务实。

在常态化开展直播一年多以后，随着客户信任关系的加深，以及客户数量的增长和范围的扩大，冠羚小店一场团购就能把水产市场的鱼卖掉数万条，一次直播就把水果市场里的所有火龙果"包圆儿了"，武汉本地的蔬果生鲜水产批发市场已经无法满足他们的需求，往全国走、往上游走已经是必由之路。此时，直播间里动辄几千单、几万单的团购规模也是一把"双刃剑"，既包含更多的选择和商机，也伴随更大的压力和责任。阙总说："我们直播间人气越来越高，团购规模也越来越大，这时候供应链的选择和管理就显得尤为重要。"2022—2023年，直播团队把大量的时间放在了供应链的对接和选品上，接触了大量来自各种类型渠道的供应商，既有品牌商家和源头厂商，也有各级批发商和专业渠道商。

那时，很多人对这类基于信任关系的社群直播不甚了解，对"素人主播"与小店平台的带货能力也有所保留。直到对方看见场均观看人数超过5万人，在一小时左右的直播时间里，场均超过40分钟的"人均观看时长"、接近30%的"成交转化率"、低于5%的"退货率"等真实的数据,直呼超出想象,不可思议。后来,业界才把它定义成"私域直播"。要知道,彼时在淘宝、抖音、快手等公域直播平台上,哪怕是最头部的达人网红主播,人均观看时长大部分也只能以秒计算,超过1分钟、2分钟的已属出类拔萃,成交转化率普遍低于5%,退货率却高达10%。这些关键数据两相比较,无论从哪个方面来看,私域直播都是全面碾压式的存在。冠羚小店手握着至少数万单的销售规模,提出的合作条件很苛刻:东西要足够好,价格要足够有竞争力,售后服务要足够完善,并且要有可持续性。

有一个典型的案例:一个来自温州的海鲜供应商曾达成合作,把"大黄鱼"作为单品在冠羚直播间推荐,无论是样品、试吃还是直播间展示的大黄鱼,都是条形优美、金黄亮丽的鱼,再加上极具竞争力的价格,客户在直播间纷纷下单,一场直播卖了两万多单。翌日,供应商从温州第一批发货一万单,团队成员分拣的时候一看,明显货不对板,这些大黄鱼条形臃肿,又黑又瘦,分量也不足。冠羚团队跟对方沟通,他们一开始挺意外,后来承认"以次充好",却还怀有侥幸心理,说"跟别的直播平台合作,都是这样操作的""一分钱一分货,直播本来就是广告宣传,哪有广告不夸大一点儿的""结算价格可以再降几个点,让老百姓将就一下"……他们不知道,在冠羚小店平台上,

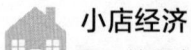
小店经济：
社区小店凭什么持续获利与快速裂变

客户的信任关系至关重要，老百姓是不可以将就的。此事最终是以给所有下单的客户退货退款并致歉来收尾的，同时这家供应商被他们拉黑，永远不再合作。并且，此次不愉快的合作作为典型案例，在后来的多个供应商合作洽谈时会反复提及，以儆效尤。

第九章

合肥小店变招

"'我们要考虑的是，究竟是想在1个人身上赚1万元，还是1万个人每个人赚1元。'邵总反复强调的这句话，其背后的商业逻辑，我们合肥市场在转型中慢慢实践，直到今天开小店的时候，我们才真正开始有所理解。"合肥宋总年纪虽轻，却是经历过从"会销"到"店销"再到"小店"的变化全过程。他在2019年开始创业的时候，做的就是会销，办公室加会议室，当时做成的都是2万多元的客单价。后来跟庄泰接触多了，邵总建议他们要尽快转型，从开会到开门店，把大单变成小单。也就一两年的时间，合肥市场的普遍客单价从两万多元、一万多元降到了几千元、几百元，这是业务转型的第一个阶段。"这些年我们的业务总量还是有增长的，因为背后的客户数据更多了。"

原来会销行业是不做直播的，都要求把客户请到大会

小店经济：
社区小店凭什么持续获利与快速裂变

场,能够烘托出热热闹闹的氛围感。开设门店之后,仍然要开会,不开大会开小会。新冠疫情期间大家被困在家里,不能聚会,依托门店建立起来的客户群发挥了大作用。很快地,合肥团队开始做直播,他们请专家到直播间讲健康知识,进行健康科普,顺便卖点儿货。他们发现,客单价调整下来之后,在直播间就能实现快速转化。

"那时候直播的效果很好,我们当时就发现3个'70%':100个人进群有70个人听直播,70个听直播的人里有50个人购买,而50个购买的人里有30个人买营养品……我觉得可以复制,只要开店,就有客户进来,就能实现成交。"宋总称,待形势稍有好转,他们就快速开店,半年之内一共开了5家店,投资150多万元。结果到2022年5月,就碰上了健康行业大整顿。

当时,有关部门对保健品行业提出了规范化运营的要求,重点查纠的就是"直播乱象"问题。行业里大家都在做直播,在直播间讲知识、教育客户,就是为了卖货。营销模式和玩法都差不多,竞争越来越激烈,内卷也越来越严重。彼时,直播间夸张到什么程度呢?各种夸大专家身份、夸大产品功能、虚高产品价格的现象频出,直播间信口雌黄、天花乱坠、套路满满。一些直播间放弃道德底线,还在卖假冒伪劣产品,甚至搞集资诈骗。从业者良莠不齐,直播乱象丛生，行业是真正到了非整顿不可的地步。合肥团队意识到，把"会销"搬到直播间的这个路子已经行不通了，转型刻不容缓，一定要轻"会销"，甚至彻底去"会销"。既然直播间不能那么搞了，门店的支撑作用也大打折扣，他果断决定，在一个月内关掉4家店，只留下1家店，也是迁址重开，相当于把模式彻底推倒重来了。

"这件事情对我们来说是一个巨大的反思。"宋总坦言，他们虽然在产品上没有任何问题，但是在营销机制的设置上确实有不规范的地方，容易被判定为有问题。在积极配合有关部门进行规范化改造之后，合肥团队的主播再次上直播间，完全是另一番景象：一是必须明确身份，主播就是主播，不是老师，更不是专家，主播通过自己的学习，在直播间转达一些知识和观点。二是必须照本宣科，做科普讲述的时候，主播要拿着一本书去讲知识，书上怎么写，主播就怎么说，绝对不能自由发挥。三是必须实事求是，讲产品，也是照着产品说明书念，如什么品牌、哪里产的、有什么成分、有什么功能，绝对不允许自由发挥。这样规范化的直播间，没有情绪渲染，没有夸大其词，是经得起任何监管部门检查的。不过，产品都是老客户续购比较多，新客户从完全陌生到熟悉的转化，难度就非常高了。

"只是在营销手段上做了调整，我们发现其实还不够。"

小店经济：
社区小店凭什么持续获利与快速裂变

合肥团队在实践一段时间之后发现，为了与同行竞争，团队还会依赖一些"重客情"的方法，让客户看直播、送小礼物，还有小规模客户聚会。宋总跟团队沟通，要彻底转变思路，就必须引入"轻服务"的模式，他们很快就接入了"每天上V厨"的中央直播间。转变思路最难的其实是老员工，业绩越好的越难转变。他们是旧有模式下的既得利益者，他们原来愿意用心服务某个客户，背后期望的是上万元甚至几万元的订单量，如今转化成卖瓶醋、卖点儿水果，都是挣着几毛、几元的生意，心理落差会比较大，很难去适应。

其实可以算一笔细账：一个客户买了营养品，如一年2980元，月均250元，按照较高的毛利水平（50%）预估，每个月的毛利也就125元，如果加上深度服务和礼品成本，一个月90元都不一定能达到。现在嫁接了V厨直播的做法，玩法就变了。一个新客户来V厨直播间，不管是水果、蔬菜，还是百货、服饰，可能每个单品就能赚5%~10%，由于很多是刚需高频的消费，一个月下来，一年下来，利润也很可观。而且，这样的客户是不需要"重服务"的，通过反复交易频频见面，反而建立了很强的信任关系。再者，一个员工能力再强，深度服务的客户数量总是有天花板的，50~60人是正常标准，80~100人是超级优秀的标准。如今面临的局面是，新客户转化难，老客户又在持续离开，这是不可持续的。那么，在什么样的模式下，一个员工可以服务 800~1000 个客户？只有"轻服务"，只有数字化，目前社区小店的商业模式就是如此。

"过去的三五年，我们浪费了 80% 的客户。"宋总说，通常一个群里有 20% 的客户下单购买就很不错了，而不买营养品的 80% 客户会被判定为没有价值的客户。"看过我们直播，没下单的客户我们不要了；看过我们直播，买过小单没有买大单的客户，我们也不要了；参加过团购，在一次很偶然的场合里没买货，我们也不要了……这种情况在我们过去的销售模式中非常普遍。"

现在，合肥团队的社群不仅接入了 V 厨直播间，V 厨社区小店也在合肥逐渐落地。在社区小店里，卖日用百货和水果蔬菜就能挣钱，有 5%~10% 的毛利水平，只要控制好单店成本，客户有一定规模，很快就可以实现成本平衡；而卖生鲜和小家电可以挣得更多，在一定时间内实现盈利也不是难事。关键还在于，社区小店没有监管风险，可以名正言顺地挣钱。曾经沉没的 80% 的客户，如今正在通过社区小店重新激活，2025 年 3—4 月，合肥团队已经在合肥地区布局开设了 10 多家社区小店，很多小店的选址就是围绕着客户集中居住地来规划的，他们可以离客户更近一些，

小店经济:
  社区小店凭什么持续获利与快速裂变

跟客户经常见面。V厨小店里没有会场,不卖任何保健品,日常做做生鲜百货就能平衡成本,所有新开设的V厨小店都是单独建群,在新店开业的很长一段时期内,如半年甚至一年,他们不需要在群里做任何旅游、保健产品的推荐。

那保健品是不是就不卖了呢?不是不卖,而是更聪明地卖、更持久地卖。V厨小店的厉害之处就在于体系化和数字化,通过客户的购买行为数据,如购买金额、消费偏好与消费频次等维度来综合评估客户关系的强弱,从而对客户进行精准管理。只要客户每天看直播,进行社群团购,慢慢养成直播、团购的习惯,进店的频次逐渐增加,信任关系自然就建立起来了。从客户进来到小单转化,有2~3个月的渐进过程,没有操之过急,所有动作都没有攻击性,效果反而更好。V厨的数字化后台把客户的进店频率和信任度沉淀下来,是可以精准细分的。

做V厨一定不能用超级社群暴力拉新的做法,而是要稳步增长,坚守长期主义。社群管理是V厨日常工作的重要内容。V厨小店一般要有三个群:一个会员团购群,一个VIP会员群,一个专题会员群。比如,顾客消费满200元、一个月消费满5次、单次消费满299元,就可以进入VIP会员群。VIP会员群和团购群的维护政策肯定是不一样的,任何新的优惠政策,一定是VIP会员群成员先行享受。

在数字化工具的帮助下,合肥团队对客户进行分级分类贴标签,做到精准营销,真正实现把合适的产品卖给真正有需要的客户,帮助客户解决实际问题。比如,他们尝试着做过一次"纳豆红曲",把自身有血脂困扰、对"纳豆红曲"感兴趣的客户拉到一个新的专题群进行秒杀复购,一家店刚开始可能就几个人、十几个人、几十个人,客户之间也可以转介绍,这个客户群的需求就非常精准。还有几个店的客户群都按照这种方式进行分类,所有专题群加起来六七百个客户。他们开直播讲科普知识,给出团购秒杀的优惠政策,转化的效果就非常好。一个月卖一两次,销售额就能轻轻松松过百万元。

当前,合肥团队对V厨小店所倡导的理念和商业模式已经很熟悉了,在实践层面也分步骤落地了十几家社区小店,并且不断地在经营实践中总结经验。他们未来的发展规划是,在合肥全市开至少300家店,一个小区就可以开1家店,1家店覆盖400~500人。一家店能有100~150人观看直播,常态化下单的客户能有80~100人就很好了,单店盈利,多店布局,客户数据规模一上来,不想挣钱都是很难的事情。

| 第十章 |

南京小店维新

2024年9月中旬,在南京市江宁区将军大道翠屏国际城小区内部道路上,筹备一个多月的V厨翠屏国际店正式开业。翠屏国际城位于南京翠屏山风景区边上,绿化好、环境优美,包含各类别墅、高层公寓、商业等,2009年正式建成入住。整个小区入住率很高,居民估计4000户,是江宁区规模比较大、配套比较成熟的居民小区。特别是小区周边商业繁荣,小区内部也有人流密集的商业街,有各种餐饮、购物、农贸市场,满足了社区居民的日常消费需求。

V厨小店开业前两周是拓新期,所谓"新店开张,广而告之,拓展业务",如何让小区居民快速认识V厨,拓新是关键的一环。他们在小区广场放上了易拉宝,摆上了鸡蛋、蔬菜、水果等促销品,如"1块钱秒杀3斤土豆""1块钱买 1 斤苹果"之类的优惠活动一下子吸引了大家的注意，很多人都是抱着"有便宜就占""有优惠就试试看"的态度，在店员的指导下，注册了喜抱 App，加了微信群。几天时间里，共有 4 个超过 300 人的微信群组建起来，小店有了第一波人气。

可以说，小区居民对"社区团购"类的小店并不陌生，在同一条街上，就有好几家"驿站""优选""精选"之类的小店，很多也是菜鸟、美团、拼多多这样的大平台投资的，然而，新鲜劲儿一过，补贴退坡、优惠缩水，这些店就没那么受欢迎了，人气也冷落了下来。如今，V 厨小店以"厨房便利店"的定位全新开张，与厨房生活消费相关联，大多数人也没有抱多高多远的期待，不过是多了一份新鲜的选择而已。一些人冲着优惠折扣进群，或者立即退群，或者保持沉默，看看 V 厨又到底玩什么新花样。

然而，大家不知道的是，这一次可能真的不一样。依托于社区小店的一整套线上服务体系被快速构建起来，由中央直播间的早间和午间的两档直播节目领衔，各种有趣、好玩的促销活动接连不断，可以在社群团购接龙，每天上 V 厨看直播参与秒杀、领福袋、积攒喜点，喜点可以在直播间抵用，也可以直接在店里抵扣。哪怕什么都不买，只要积极参与，就能有各种收获。而且门店就开在小区里，

小店经济：
社区小店凭什么持续获利与快速裂变

每天按时开门、关门，居民购买的任何商品都需要到店取货，满意了拿走，不满意随时退，大家也没有什么心理压力。两三个月看下来，人们发现，这家小店没啥套路，直播间卖的商品也是货真价实，确有需要就下单。小店还有各种新鲜蔬菜水果的团购，品质价格有口皆碑。小店微信社群人数趋于稳定，居民信任度和满意度也在上升，一些离群的居民也逐渐加了回来。

借助数字化工具，V厨不再是以单店去竞争，而是采用体系化的打法。在翠屏国际店开业的同一个月内，江宁区的其他社区有5个V厨小店同期开张；几个月间，南京玄武区、建邺区等区域的十几个V厨小店也陆续开张；到12月底，南京市的V厨小店已经突破了50家，并且按照规划，门店数仍在快速增长中。

早上6点的"每天上V厨"和中午12点的"星光大道"属于中央直播间的常规栏目，是由南京喜抱网总部组织的，供应的各类商品很多，锅碗瓢盆都有，线上购买价格实惠。中央直播间因为面向全国，为客户提供的商品有个特点，那就是标准化程度高，食品、用品都是标准化包装，适合储存和运输。客户在直播间下单之后，先要等发货到店，再由店长通知取货。虽然物流快递作为基础设施已经足够发达，但所有商品都是从工厂统一发货，难免距

第十章 | 南京小店维新

离上有远近，到货有快慢。在电商发达到"次日达""小时达"都成为竞争常态的时候，小店不宜过度追求物流效率，可以由店长提前跟客户解释清楚，提醒对到货时间很纠结的客户慎重下单。V厨一定要做蔬菜水果，更多的是本地接龙、线下体验，到货快、反馈快、体验好，将线上线下相互结合起来，就能做得更好，这对中央直播间是一种有益的补充。于是，南京几十家小店联合组建的地方直播间也在本地如火如荼地搞了起来。

南京这些门店的投资人有四五位，每个人都分别投资了5~8家小店，他们都是与庄泰和喜抱打过交道、比较熟悉的伙伴。

南京6家V厨小店的投资人吴总，过去数十年一直做翡翠玉石生意，从缅甸选购各类玉石，经创意加工成艺术品之后转卖给国内高净值人群，江湖人称"翡翠王子"。他做事认真、做人靠谱，虽然年纪轻轻，但早已经是做过几个亿生意的成功商人，在云南瑞丽最大的玉石市场开有一家高档会所，大厅陈列琳琅满目，从小件的玉挂件、玉镯、玉器，到大件的玉佛、玉雕像，皆是以进口玉石为原料，货真价实，绝不造假，许多客户是达官贵人。他经商多年，在珠宝玉石行业很有影响力，对私域社群和信任关系有独特的理解，曾经把自己微信上的34个重要客户建个小群，

小店经济：
   社区小店凭什么持续获利与快速裂变

就做玉石商品的直播，一场直播销售额过 4000 万元。现在转型做 V 厨小店，有些客户也不理解，但依然信任他，向他购买十几万元的玉石产品。翠屏国际店是吴总的第一家店，这就是一个全新的转折点，实现了从"一个人身上赚一万元"转变为"一万个人，每个人赚一元"，完全不一样的生意模式。

在南京本地供应链的构建和本地客户服务方面，V 厨小店有了很多新奇的玩法。他们从客户的需求出发，选品也是花时间去研究的。苹果、橙子、香蕉之类是最好的团购水果，老人小孩都要吃，有好的果品、好的价格就可以在群里发起团购，南京几十家店联合起来采买，规模上有优势。

南京众彩农副产品批发市场是南京最大的批发市场，号称南京人的"菜篮子"。该市场占地 3000 亩，从水果、蔬菜、粮油到水产、百货，有七八个功能分区，主要是为各个菜场和超市提供货源，不仅品种丰富，在价格上还很有优势。12 月的南京气温逼近零摄氏度，凌晨时分是一天最冷的时候。吴总一行人凌晨三点多起床，冒着凛冽寒风驱车前往众彩市场。到地方一看，市场里头早已经人头攒动，热闹非凡。各种摊位已经摆好当天最新到货的各类蔬菜水果，源头商家、档口老板、游商、小商贩、采购经理各色人等，三五成群地围着沟通洽谈。

沟通围绕着批发和集采展开，品质、价格、付款方式，以及利润点、周转、损耗，这些都是蔬果老板和商贩之间交流切磋的主要话题。吴总他们在市场里边走边看，目标很清晰，专找源头商家，跳过中间商，为社群客户争取最大的实惠。在沟通中，他们会主动介绍V厨的商业模式、私域社群的规模体量和直播间数万人的影响力，特别强调客户的信任度、微利和复购。几个果农谈下来，收获就不小。在相同的品质下，这边的价格有很强的竞争力，一些应季水果立刻就可以在社群里试水，大量团购订货。

高频、刚需的果蔬消费，如苹果、香蕉、包菜、土豆等，按照客户的需求，一个月可以团购2~3次。比如，一款来自新疆阿克苏的苹果香甜脆口，是客户青睐的爆品，在直播间反复团购了数次，非常受欢迎。从数据上看，单店仅苹果一项就能销售2000斤左右的不是少数，最多的一个门店一次就卖了超过4000斤。更主要的是，消费体验很好，有很多客户是买了又买，吃完了就在群里主动要求团购返场。客户到店取货拿上就走，因为价格上有优势，对果品品质也有足够的信任，简直是零退货率。这款苹果的售价，V厨门店仅3.5元一斤，这个价格比很多便利店同类型苹果的进货价还低，比水果连锁专卖店还便宜了至少两

小店经济：
社区小店凭什么持续获利与快速裂变

元,而且在直播间下单、社群接龙有更多优惠。团购的水果爆品,还有一斤4元的果冻橙,一斤1.5元的红提,几毛的土豆、包菜等。V厨小店的基本原则是,同等品质下,价格最优。由于应季的果品蔬菜每次团购都是限量供应,很容易引起客户的积极抢购。

如今,南京众彩成为本地20多家V厨小店对接供应链的重要阵地。大家有事没事就去逛一逛众彩,一旦看到有合适的货品就拉回来,在社群里吆喝吆喝,下单团购预订。每天下午两点半,他们就会推出基于本地供应链的"南京本地大团吉"直播,会有一些应季的蔬菜水果,客户可以在直播间下单,也可以在群里接龙,订单截止时间一般为下午五点。当天晚上,采购经理就可以按照当日各个门店的客户订单量去沟通配货。预订的生鲜蔬果都是提前做好分装,减轻店长开箱、称重、包装等琐事带来的压力,让他们可以全心全意地服务客户,提高门店的工作效率。第二天在送货到店时,每家小店在数量上都会多配10%~15%,预防有些客户直播没看到或接龙来不及,客户来店里取货时,顺手就带一点儿回家。不过,为了鼓励客户在直播间提前下单,店里购买的价格会略微高出一点点。这个价格跟其他门店的同类商品相比,依然很有竞争力,客户也都能理解和接受。为了拉货配货,除常规合作的几个货拉拉司机之外，吴总团队还专门购买了一辆二手的五菱小巴士。几个月合作下来，生鲜蔬果类货品进入V厨的体系，品质好、价格低，几乎没有损耗，没有退货，客户满意度很高，信任度也在加强。钱款周转结算很快，供应商合作伙伴大多很满意。

几个月运作下来，就水果而言，从苹果、脐橙、梨、香蕉、葡萄，到柚子、榴梿、车厘子等，都是源头商家直供，品质超群、质优价廉。客户需要什么，他们就去采购什么。或者说，V厨小店本地团购到什么好东西，推荐给客户，客户就买什么。社区小店起到的一个重要作用是，持续优质选品，持续服务客户，持续增进信任关系。当然，小店的另一个"副作用"是，把小区水果的价格打了下来。

V厨小店供应的是跟厨房生活相关的品类，范围非常广。别看每个门店空间狭小，货架上放不了什么东西，其实90%以上的成交是在直播间和社群里完成的，门店只是一个取货点和服务站。几十家小店服务了数万人群，他们在供应端一起采购，规模上有很大的优势。跟传统的菜场和水果店相比，V厨不是什么都有，也不会提前买一批商品放在店里，客户来店里想买什么菜、什么水果，很可能是买不到的，因此，基本上不存在直接竞争的问题。那些在线下团购的商品，主打应季水果和蔬菜，偶尔在直播间

小店经济：
社区小店凭什么持续获利与快速裂变

团购一下，团购完就结束，下一次团购是什么时候，还要看排期。如果有客户没买到，又真的很想要，那就下次提前准备好，由店长通知他及时参与直播或团购。

因为有数字化的工具，有私域社群，小店的到来，对于传统小区的商业生态反而是一种赋能、重组和激活。对于小店来说，社区里原有的商户提供的商品或服务，可以围绕"质优价廉"进行优化重组，推动市场良性竞争、优胜劣汰。

一家小店斜对面有一家开了多年的卤味店。这个卤味店的女老板也时常到V厨小店买东西，如蔬菜、水果。她有一次取货的时候看到吴总也在店里，不禁感叹道："你这个店人气真旺。"这意思是，她开店许多年，面向的也是小区的居民，就是琢磨不透其中的秘诀。吴总问："你这个卤味是自己做的吗？味道怎么样？"第二天，她就拿了几盒鸭脖子、鸭翅膀过来，给店长和来店里的客户品尝，大家感觉还不错，麻辣鲜香。吴总说："卤味店就开在对面，V厨客户去买的话，能不能打个折？"她满口答应。双方商量后，在V厨小店的微信群里对卤味店进行了推荐。说干就干，他们在社群里以6~8折的优惠价连续团购了3天，鸭脖子、猪耳朵、牛肉、泡菜等都成了爆品，不仅把女老板的备货和库存卖光，还有预订的量。3天的销售量比过去一个月还多,女老板直呼"社群的玩法太厉害了"。卤味店也在门头显眼处放上一个"V厨会员"的牌子,把会员专享的折扣长期固定下来。像卤味店这样的传统小店,老板一般也搞不懂互联网,都是"等客上门",凭借经验做一批卤味慢慢卖,毕竟是食品,很多卤料一到期就要处理掉;现在跟V厨合作,有需求数据,提前知道客户要多少,用心做好产品按时交货就行,口味新鲜,没有损耗。

另一家小店所在的社区里有两家理发店,一家在南门,一家靠近北门。吴总都去光顾和体验过,发现靠近北门那一家手艺好、服务好、环境好,就是人气不好。他问老板:"理发店的生意怎么样?"老板是个老实人:"以前还不错,现在不好,差多了。""是价格不好,还是人气不够?""价格也上不去,人气也没有。"吴总心里在盘算,V厨小店的群里也有不少刚退休的阿姨,经常结伴跳个广场舞,顺便来店里取货。她们都很漂亮,也爱打扮,可能有护理头发的需求。他跟理发店老板商量,社群里遵循的是为客户谋福利、薄利多销的原则,原来动辄需要大几百元的头发烫染、头皮护理的服务产品,针对V厨客户给出一定的折扣,在V厨群里推一波试试看。事实证明,效果出奇地好,169元的头皮护理、369元的头发烫染受到了很多客户的推崇,因为人太多,这家店里的服务需要提前一周预约。对

小店经济：
社区小店凭什么持续获利与快速裂变

于理发店老板而言，虽然客单价降了下来，从单个客户身上少赚了一些，但客户量一上来，人气一下子就旺了起来，整体算起来其实更有赚头。再者，都是住在同一个小区，客户之间还有口碑传播相互影响，很多男客户也慕名而来洗个头、理个发，在相当长的一段时间里，不用愁没有生意了。

进入 2025 年，在南京之外，吴总已经将业务触角快速延伸到了自己的家乡——福州。他在短期内快速布局，形成区域的客户适度规模化，全面复制南京 V 厨的成功经验。福州是福建省省会，东南沿海的重镇，常住人口近 900 万，在社区居民日常生活消费领域蕴藏着巨大的机会。当然，当地的竞争也会很激烈。福州是永辉超市、朴朴超市的根据地，永辉主打线下商超，深耕多年；朴朴超市主打线上团购，崛起于新冠疫情期间，在当地已经有一定的影响力。V 厨小店以线下与线上相结合的私域社群玩法，将会寻找缝隙市场进行渗透，值得持续关注。

第十一章

苏州小店集合

2025年4月28—30日,南京几大景区旅游热度持续火爆,接待了来自全国各地的多个旅行团,其中两个来自苏州看看旅行社的"千人大团"格外引人注目。这两个规格一致的千人大团,成员大多数是五六十岁的退休老人,也有不少超过了70岁的老人。在3天左右的行程里,他们游览了高淳水慢城,感受了现代农业的科技魅力;游览了南京栖霞山,寻访了金陵城六朝胜迹;登上了长江之恋游船,自由自在,载歌载舞;最后,2000人聚集在五马渡码头举办原创诗会,在长江之畔,千人共同朗诵原创诗歌《长江的脉络》,用诗歌赞颂中华母亲河的壮阔脉络,用"诗韵金陵"串联历史景观与现代体验。

这是苏州看看旅行社为了庆祝第九届旅游文化节而策划的旅游项目,以南京为目的地做短途的游玩规划,以诗

小店经济:
社区小店凭什么持续获利与快速裂变

会、舞会、抽奖、比赛等活动串联全程,去什么景点固然重要,更重要的是旅游过程和丰富体验。在直播间进行旅游预告后,短短一周时间,报名人数就超过1500人,旅行社紧急关闭报名通道,并点对点劝退了一些年纪超过80岁或行动不便的老年客户,最终组建成了两个"千人成团"的超大旅游团队。这么多人旅游出行,已经不仅是沿途的风景览胜,更是一次跨区域的文化交流和情感联结。3天时间里,旅行社以丰富的旅游经验、严谨的服务态度和人性化的服务流程,不仅实现了"千人大团零失误",也给客户留下了精彩的人生回忆。

"做一件事情一定要能坚持,你只有坚持做了之后才有不一样的感受。做旅游,我们已经坚持了超过10年时间。"苏州市场负责人梁总强调说,看看旅行社的旅游产品很受欢迎,是这么多年来苏州客户体验认可与口碑传播的结果,特别是有一群非常忠诚的老客户,只要他们有时间,不管是短途游还是深度游,都会跟着走。他们对公司已经非常信任,完全不会考虑价格的问题。例如,这一次2000人去南京,很多工作是老客户一起张罗着。

苏州小店每天都有4个时间段的本地直播常规栏目:第一个,早上6点,冠羚"幸福早班车",这一场不怎么卖货,而是以介绍公司和品牌内容为主,让客户对公司平台和冠羚品牌有更深入的了解。第二个,中午11点,有两场同时开播,一场是面向大客户部的老客户群体,另一场是面向小店的新客户群体,观看的客户群体不一样。第三个,下午2点,旅游直播,每天都会推荐近期的旅游线路,所有客户只要感兴趣都能看,并且可以在直播间下单报名。第四个,晚上6点,每天有不同的主题,既有营养第四餐,也有一些海淘品牌,还有阶段性的主题活动……每场直播时间都在40分钟到1小时,客户可以按照需求去选择,也可以在不同直播间切换观看,买不买都没关系,只是来听一听、看一看也能长长见识。直播间里,因为面向的是私域客户,没有重度锁客,没有过度营销。很有意思的是,数据显示有不少客户积极性非常高,几乎每一场都参与,每天都看看直播,这就是小店要重点服务的客户。

自2006年开始,梁总就带着团队在苏州按照庄泰集团的节奏拓展业务,十几年做下来,中途也有起起落落,但客户积累和营销业绩都是持续向上的,目前有专门的运营中心、企划团队、旅游团队、店铺管理团队、直播团队、供应链团队等,分工合作,从不同侧面一起为客户提供优质服务。苏州团队深耕市场多年,旅游业务开展得很好,只是其中的一个亮点。事实上,苏州团队围绕冠羚品牌拓展出了多个成熟的业务线,从社区店到直营店,从旅游到

小店经济：
社区小店凭什么持续获利与快速裂变

营养品，从社群到直播，规范化和体系化的模式与打法已经逐渐成形。自2024年底开始，冠羚大集社区店的模型也在苏州落地成形，社区小店将作为苏州市场最重要的战略内容，成为苏州市场数字化转型和持续增长的加速器。

与其他市场相比，苏州市场在客户管理与门店运营上非常精细化。首先，鼓励每名店长把自己的新老客户分类建群，一个群100～300人。有能力强的店长已经有好几个群，店长就是群主，跟客户都见过面、聊过天，建立了基本的信任关系。不同的群有不同类型的客户，如喜欢旅游的、讲究养生的、注重性价比的。所有的直播、会议、旅游和活动，都是通过店长引导客户参与，转化效率会比较高。其次，持续输出好内容，保持社群的活跃度。苏州市场的运营总部专门有一个企划部，按照客户的需求和营销的节奏，每天持续做内容，包括图片、文字、短视频等。店长根据自己的判断，把内容和链接转发到群里，分享给客户，让客户养成每天看群消息、看直播的习惯。再次，提高客户的参与感，增进客户的信任度。店长有一项常规工作，每个月初都要在群里，用语音、短视频或直播等方式，在线上向客户做一次工作汇报会。工作汇报的内容包括上个月的工作情况总结，发生了什么大事件，有哪些客户帮忙做了转介绍，有哪些客户实现了会员升级，以及这个月的工作计划,有几次福利会,等等。最后,每个月底会对苏州全部社群工作进行量化考核与综合评选。他们参考的是一些可以量化的数据,如直播上线率、观看时长、销售额、参与活动的积极性。这些数据运营中心都有专门的统计,按照权重有一个综合积分,综合积分前五名的授予"五星社群"称号。在开店长大会的时候,公司会把"五星社群"的店长和客户代表请到会议现场,颁发奖状和奖品,还有现金红包,再拍个照片、拍个视频,分享到所有群里。"五星社群"的获奖店长也会在群里分享现金奖励,每个群里持续几天都下"红包雨"。傍晚的直播间会不定期邀请"五星社群"的客户代表参与主题交流和对话,社群里一系列的工作都跟客户相关,客户参与的积极性非常高。

苏州团队还有一个很温馨的片段。2024年春节之前,去优秀员工老家家访。企划团队带上摄像机,跟着员工回到老家,看望他们的家人朋友,首先,拍摄他们住的地方,拍摄他们日常的生活、他们吃的饭菜,去看他们村里的土特产。其次,把他们村里品质好、价格优的农产品推到直播间里来,优惠卖给客户,相当于顺便做一点儿助农活动。而且,苏州团队会以"成长故事"为主题做一期视频,原生态地展现一个人从小生活的环境,记录他们从农村走到城里的成长历程,包括父母与亲友的访谈评价。通过这样

小店经济：
社区小店凭什么持续获利与快速裂变

的家访，父母看到了孩子的成长，客户也看到了员工的成长。这样的视频没有拍摄技巧，也没有专业的制作标准，就是可以持续输出的原创内容，贵在人物和故事都非常真实，能感动到人。把视频持续投放到客户群里，很容易取得客户的信任，效果非常好。

苏州市场现在有两个直营店，剩下的6家店都是社区小店，未来新开的也都是冠羚大集社区店。两家直营店都比较大，是好几年前开设的。当时大家认为，冠羚羊行要大气一点儿，要开大店。在苏州园区的冠羚羊行，一年房租十几万元，至少要配备5名员工，每个月硬性开支较大，销售上会有压力。若不能在短期内找到方法，开支又大，那持续亏损带来的焦虑会对正常的运营步骤产生不良的影响。后来，门店增加了蔬菜、水果等生鲜的品类，慢慢地做了社群、做了直播，与客户渐渐产生了信任度，经过一个培养的周期，业绩就慢慢上来了。但是，社区小店就完全不一样，门店开在社区内部，月租金在3000元以内，覆盖的客户就是小区内部几百户人家，管理很简单，店长加个助理就够了。冠羚大集嘛，跟人们去赶集一样，什么都可以卖，随便卖就能挣钱。蔬菜是引流的，平进平出，基本上不要利润；水果和肉类都是有一点儿利润的，加上百货类，再加上线上直播间做一点儿旅游，这样每个月完全不做营养品，也是可以正常运营的，并且利润也不少。

社区小店也有一个基本流程，对于新店开业有参考价值。比如，新店开业之后，客户收新一个阶段，客户办会员一个阶段，办冠羚会员又有一个阶段，从小单转化再到翻单，都有一个比较成熟的流程，大家也知道在哪个阶段该做哪些事情。社区店日常维护，每周二和周五是会员日，所有会员都可以提前在群里接龙预订，然后到店里来取货付款，以非常优惠的价格买到多款不同品种的蔬菜和水果。其他时间，他们就是加强与客户的日常沟通和互动，鼓励客户经常到店坐一坐，聊聊天。社区小店客户运营的三个步骤一般为：

第一，小店开业与客户收新。这一步是通过蔬菜水果特价打折完成的，如1元3斤土豆、5元一个西瓜等。客户要完成两个动作，一是注册冠羚App，二是加入微信群。群里每天都会有蔬菜和水果的优惠团购，线上下单，线下取货。第二，办理会员。一段时间之后，如一周，就由店长开始引导进行办会员的动作，客户预存20~50元到会员账户，获得小礼品。先保证预存的钱是可以直接用在店里的，有的客户存了用，用了再存，慢慢就养成了到店的习惯。会员客户重新建一个VIP群，群里每天发起团购，每周2次的会员日就针对会员发起社群团购，会员买完再放

小店经济：
社区小店凭什么持续获利与快速裂变

到大群里。并且，各种类型的直播，无论是苏州本地的还是南京总部的，都只会投放到VIP群里，定向邀约会员客户观看。而一般的大群不投放直播链接，是看不到的。第三，办理冠羚会员。在VIP客户群里找到那些到店次数多、参与购买多的客户，邀请他们参加福利会，进行冠羚品牌文化的宣讲，品尝羊奶，以及进行小单转化。下单购买冠羚产品的客户就自动成为冠羚会员，拥有更多更丰富的权益。可以说，社区小店后续的所有活动及业务的开展，都是围绕冠羚会员展开的。

这样通过一层一层对会员的筛选，就实现了对于不同客户的分类，在服务上也稍有不同。不预存钱不成为会员也没关系，买蔬菜、水果等生鲜不受影响，只不过，一些团购的海鲜如果额度有限，就会优先满足会员，普通客户可能就买不到了；有些客户不买冠羚产品也没关系，他还是可以积极参加门店其他商品的团购，享受会员价格，只不过，一些以冠羚为主题的活动他们就无法参与了。所有服务内容以及会员权益，都是在日常运营过程中，由店长或店员跟客户沟通清楚的。

"我们店面的蔬菜水果打造的是一个原产地的概念。"梁总对社区小店的基础品类思考得很清楚，就是要做原产地直供，蔬菜、水果跟菜市场、超市竞争，在品种上不一定有优势，但是在品质和价格上一定要形成明显优势。因为所有产品都是从田头走到餐桌的，品质好，原生态，中间没有供应商，而且很多是本地的菜品，本地客户也比较喜欢吃，所以，社区小店在经营上本身就有特色。现在，苏州团队8家门店加上本地直播间，在采购量上已经达到了适度规模化，自建供应链体系是必由之路。于是，苏州市场建立了一个专业的采购团队，每天都会在农副产品集散地、种植基地等到处跑，找到原产地，就在原产地直播，直播间下单预订，做完直播就把菜品拉回来，及时配送到门店，效率非常高。一些水果爆品，通过直播间一次推荐就能卖出5000~8000斤。采购10000斤左右，配送到几家门店，销售起来也毫无压力。

　　苏州市场供应链的强大还体现在，所有产品的售后都是由供应链来兜底的。运营中心有人专门负责售后处理，第一时间响应各个门店的售后服务，由供应链团队全部兜底，门店在运营和服务上就能全力以赴，不会有什么压力。无论蔬菜水果还是日用百货，门店承诺7天无理由退货，有客户超过7天拿回来，也是立即退货退款的。蔬菜水果在运输上难免有磕碰、有刮擦，只要客户发个照片，门店就会第一时间做退换处理。有一个客户买了水果拿回家忘记冷藏，结果在家里放坏了，拿回门店来，也是一样退

小店经济：
社区小店凭什么持续获利与快速裂变

换。当然，原则上不允许门店私自去采购产品来店里销售，万一在品质上出了问题，就不好处理和善后了。一般的建议是，若店长认识好的供应商，则可以推荐给公司，由公司派专人负责对接洽谈，各方权益和责任都约定清楚，按照公司标准统一进行合作。

"我们的想法是，尽量去会销化，回归到正常的零售上来。冠羚大集社区店的开设和裂变，就是我们最重要的一个战略转型。"梁总在苏州构建了一个运营中心，相当于为苏州社区小店搭建起来的专业赋能平台，从供应链到直播技术，从社群内容到服务流程，从日常管理到财务核算，都建立起了专业的团队和规范的制度，所有人参与其中都是有章可循的。目前这个强大的运营中心在服务门店的过程中不断地积累专业经验，未来要实现的目标是每开设一家小店，都能按照标准化的流程走，都能在预定的周期内实现预定的目标。此时，运营中心也在组建商学院，把门店运营的知识和经验进行体系化研究，包括冠羚的品牌文化、产品知识等都整理成系列课件，让所有新店长都进来学习，可以用直播的形式，也可以小班教学，让店长持续学习和成长。说白了就是尽可能地把投资风险和运营风险进行隔离，哪怕是完全不懂行的"小白"来开店，只要听话照做，勤奋用心，也能在短期内实现盈利目标。

在门店的股权设计上，梁总的设想是，店长就应该是门店的投资人，是门店的最大股东，占股为50%~80%；公司层面有一个指导门店开业运营的专业团队，他们按照各自的区域，以个人参股的方式，占门店股权投资的20%~30%；如果门店实现裂变，由社区小店裂变出新店，原店长可以适当参股5%~10%。具体的股份洽谈，都是店长层面去沟通和确认好的，公司层面完全不参股。门店在开业之前，跟公司签署战略合作协议，就可以得到品牌授权，融入公司统一的组织管理，以及获得来自公司社群、直播、活动及供应链等全方位的赋能与支持。苏州公司全面动员和鼓励员工开小店，社区店投入少风险小，很快就能挣到钱。最近新开的一家社区小店，开业一个半月左右，不算生鲜果蔬和日常百货，也不算旅游，就简单召集做了一次营养品福利会，重点推荐羊奶粉和山药粉，销售额就有6万多元，这样的营销节奏就非常好。这样的福利会，每个月可以至少开一次。按照现在实际运营的小店模型，综合各条业务线估算在一起，每个社区小店达到年销售额300万元、平均毛利15%的水平不是什么难事，而且随着客户信任关系的加深，每年还会有非常稳定的增长空间。这样的收入水平，在苏州地区也是很有竞争力的。

第十二章

徐州小店裂变

"接下来,我们每家店都会有志愿者站出来,为店面附近小区的居民服务,为他的朋友和邻居去选菜。"袁总谈起对徐州 V 厨小店的规划,就是想方设法让客户有参与感,参与到 V 厨小店的日常管理和运营中来。所谓的志愿者,其实就是小店的优质客户,对小店非常认可,主动请缨参与到为居民服务的工作中来。此前,他组织过一次蔬菜采购服务,几个志愿者跟着采购员一起,凌晨驱车前往徐州农产品批发市场,早上 4 点 30 分起床,5 点出发,基本上 5 点 30 分就到了批发市场。几个阿姨叔叔非常负责,在市场里认真挑菜选菜、跟商贩讨价还价的画面,被工作人员用手机录下来,非常感人。潘阿姨对着镜头展示自己经过几轮讨价还价、精心选购的好货,向客户积极推荐:"这个我尝过了,特别甜特别好吃,价格还特别实惠,你买回家去试试就知道。"

更多的志愿者穿上Ｖ厨的马甲，到小店帮忙值班，整理货品、维持秩序等。志愿者都不拿工钱，让他们部分地参与小店的日常经营，是把小店作为大家共创共建的一个平台，这种对客户完全开放透明的态度，反而让客户更加放心，更加信任你。当然，志愿者参与工作付出劳动，还是会获得一定会员积分的，这些积分可以兑换一些礼品或权益。比如，年底会员年夜饭的时候，志愿者叔叔阿姨可以在会场的大舞台上亮个相、发个言、领个奖，接受大家的掌声与欢呼声。

徐州市场的Ｖ厨小店从2024年9月第一家开业，到2025年4月已经有了20家的规模。徐州团队在Ｖ厨小店股权层面的设计，以及供应链方面的体系化布局，能够在很大程度上确保开店成功率，因此，小店裂变的速度非常快。

袁总在开Ｖ厨小店之前，围绕大健康行业也做过很多尝试。10多年前，他刚开始创业，做理疗馆、卖保健品，做得不好，短期尝试之后就不做了。后来，他在徐州开办了一所老年大学，让中老年人过来学习太极、非洲鼓、声乐、模特等，收费每人从99元到120元不等，上课的周期跟中小学校基本上是一样的，2月到6月是上学期，7月、

小店经济：
 社区小店凭什么持续获利与快速裂变

8月是暑假，9月到来年1月是下学期。老年大学至今已经开办6年了，一年有800~1200名学员。老年大学是个很好的切入点，但速度不够快，效率不够高。再后来，他在当地投资了一个农场，农场里建有山体公园、旅居公寓和农家餐厅，还专门规划了几块地，以30平方米一块"共享菜园"的方式出租给客户，客户可以在农场里体验种菜、养鸡、养猪、养羊等项目，获得吃住玩一站式服务。专门为徐州中老年客户服务的旅游公司也开起来了，从周边1日游、景区3日游，到欧洲12日深度游，有各种丰富的旅游线路供客户选择。

"我们的项目都是围绕着深度服务客户来布局的。他们想上老年大学丰富老年生活能够想到我们，想出去旅游时也能想到我们，然后，他们周末想找朋友聚个会、打个牌，就到农场去住上一两天。他们的整个退休生活，我们都能尽量参与进去。"袁总用了差不多10年时间，围绕中老年客户在全流程的服务项目上进行了投资布局。很多是重资产项目，如农场的投资就有数百万元，不同的项目属于不同的业务线，从上老年大学到周末聚会，从农场旅居到深度旅游，跨度不可谓不大。从商业逻辑上看，这些业务都有不同的竞争对手，任何一个单项业务若能够做深做透，做出差异化和竞争力都能够挣钱，但是，一股脑儿地全面铺开、平均用力，试图在所有项目上都有所转化，难度系数不是一般的高。从商业实践上来看，徐州团队在很长一段时间都处于紧张和焦虑之中。他们每一次大的活动结束，就会担心下一批客户在哪里、什么时候能够来。其实，在他们的整个商业逻辑里，缺少了重要一环——数据入口。若能有一个可持续的、流量丰沛的数据入口，相关项目全都能盘活。在新冠疫情期间，袁总团队也尝试过各种类型的直播，用直播去触达新客户，驱动老客户下单转化。他们在直播间也尝试卖一些蔬菜水果，阶段性地把直播作为数据入口，在徐州城东、南、西、北设立了 4 个取货点，直播间下单的客户约定时间在取货点提货。在疫情暴发时效果很不错，一恢复正常，客户有了自主选择权，直播效率就明显下降了。更关键的是，取货点像流动商贩一样，当人群聚集起来时，很容易被城市管理人员追着跑，客户的体验非常差。

袁总坦言，他们烦躁的情绪始终无法缓解，直到遇见了 V 厨小店。

首先，V 厨小店的理念和体系化打法，与徐州团队始终纠结的数据入口高度匹配，可谓是"一着棋活，满盘皆活"。其次，小店的投资成本要足够低，裂变速度才能足够快。徐州作为人口众多的中部城市，商业氛围还可以，街

小店经济：
社区小店凭什么持续获利与快速裂变

边店的月租金普遍要在3000元以上。袁总给团队提出要求，不仅从商业街找，还要到社区内部找，租金成本要控制在每月1500元以内。从结果来看，这20家小店，只有1家因位置很好、形象很好，月租金1550元微微超过标准，其他小店的租金都控制得很好，月租金1000元、800元的也不少，最低的每月才600元。再次，小店在装修上力求简单节约。所有小店在门头广告的制作上都仅花了600元左右，店内的货架、冰柜等全部是从二手市场采购的八成新、九成新的东西，差不多只要原来一半的价格。这样里外里算下来，每家新店的投资实际上都不超过1万元。最后，也是最关键的一环，是鼓励员工投资开店。每家小店投入不高，10家店、30家店、50家店投资起来也没有什么压力，关键是不好管理。每个人的管理能力有限，管上三五家店还可以，但管不了三五十家店。于是，最开始的一两家小店由袁总亲自投资和管理，给大家打个样，后来的十几家都是员工主动参与投资开设的。员工100%投资，就是实际上的老板，自然就会自我管理、自己算账和负责。当然，袁总这边也没有闲着，而是快速建立起供应链，为小店提供配送服务。

"从第一家小店开始，我们就规划好了，将由公司层面组建专门的团队来做免费的供应链。"袁总思考得很清晰，日常的水果、蔬菜，还有调味品、生活百货，都是按照进货价跟门店结算，如一瓶酱油，进货价为 1.5 元，门店结算价就是 1.5 元；一包味精，进货价为 0.8 元，门店结算价就是 0.8 元。特别是每天都要更新的蔬菜、水果等生鲜，不仅按进货价结算，如果门店卖不掉，还包售后服务。因为把所有小店的采购量统一起来，适度规模化，在供应端就有议价空间，好品质的货品能够拿到好价格，门店的零售价与周边市场相比，也有很强的竞争力。这样一来，大家开店的积极性就非常高，也完全没有了后顾之忧。徐州 V 厨店长就是老板，而不是打工人，经营得好不好，都是自己说了算。很多门店经营到晚上 9 点、10 点甚至 11 点，可能是等客户上门取货，可能是在做当日的货款盘点，也可能是在规划第二天的团购……这种积极主动性，只靠加强管理是做不到的。

因为成本控制得好，货品又有竞争力，小店开业收新效果非常好。V 厨小店在小区里面，店员和客户是能够天天见面、亲密接触的，客户楼下就是小店，或者走个三五分钟就看到了小店，会很有信任感。门店虽然不大，但始终在那里，晚上也灯火通明的，还有一两个年轻的身影忙忙碌碌，这种画面感会给客户留下深刻的印象。并且，新店开业一个月后，逐步接入中央直播间，这里面有来自全

小店经济：
社区小店凭什么持续获利与快速裂变

国范围的动辄几万人在线，亲密互动，这种感觉是非常奇妙的。

关于本地供应链的组建，袁总团队几乎是从零开始的。前期有两三家小店的时候，在采购上没有形成适度规模化，只能在当地农产品批发市场和水果批发市场去找货选品。这些市场品类繁多，价格不一，需要跟各路商贩反复议价，天天跑市场，天天看货品，不断积累经验。只要每天都有持续稳定的采购量，哪怕量不大，很多商贩也愿意合作。这个时候就要抓住机会进行筛选，选择靠谱的、长期稳定的合作伙伴。当小店的采购量有了一定规模之后，就一定会再往上游走，找到源头供货商、菜农、果农等，以及一些种植养殖基地。这个时候就是几千斤、几万斤地谈，蔬菜还在地里，水果还在树上，货品最新鲜，价格也足够实惠。这种源头产地直采的蔬菜水果，只要把控好品质标准，从产地到门店，没有中间商赚差价，是最有竞争力的。门店一般也是平进平出的，或者稍微留一点儿利润，非常受客户的欢迎。当前，徐州有两个专职司机，每天都为20家小店及时配货送货，效率很高，服务也有保障。

袁总团队在跑市场的时候遇见了杨先生，一个很有想法的新农民，他有一个种植基地，一共8个大棚，分别种上了西瓜、南瓜、黄瓜、西红柿等几种不同的品种。他属于爱好种植的专业人士，每个品种都是精心挑选的，生长过程也都是精心养护的，各类农产品品质上乘，采购价格也好商量。按照不同的种类，一个大棚一天能产出500斤到1000斤，这点量对于果蔬大商来说还嫌不够，只能自己每天拿一点儿到批发市场上去售卖，又消化不完，境况比较尴尬。杨先生跟袁总的V厨团队对接上之后，目前20家小店的采购量刚好可以把他的果蔬消化掉。西瓜成熟季，嘉年华西瓜皮薄肉厚，香甜可口，籽很少，水分充足。若一天能成熟500斤西瓜，在20家小店里通过团购接龙，简单分一分就很容易卖掉；若一天能成熟1000斤西瓜，可以提前做一个专场直播，直接在西瓜大棚里进行，西瓜产品好，价格实惠，客户直播间预订，第二天到店取货，下单都非常积极，也没啥压力。合作过几次之后，杨先生彻底被V厨小店的供应模式征服了，主动向袁总提出长期合作的想法："以后袁总你说种什么，我就种什么。"袁总回复他："是客户说了算，客户想要什么，我们就种什么。"短短几个月时间，袁总团队已经对接上了好几家源头种植农户，随着采购规模越来越大，彼此的合作也越来越紧密。

徐州市场在开小店的同时，袁总团队逐渐把本地直播间组建起来。围绕徐州市，分为东、南、西、北4个区域，搞了4个直播间，一开始是每周三晚上6点播一次，持续

小店经济：
社区小店凭什么持续获利与快速裂变

30~40分钟。现在越播越好，周一到周六每天晚上6点，4个区域同时开播。对于客户来说，相当于每天晚上有4场主题不同、内容不同的直播可以选择，跳来跳去看也可以。4个区域同时开播的形式，在别的市场并不多见，对于徐州团队来说，这样可以针对用户的偏好对直播模式不断进行调整和优化，也可以在实践中打磨团队，培养出优秀的直播团队和主播人选。袁总的整体规划是，先分开播，各自摸索，加强信任度，一段时间后，也可以把4个区域的客户都聚拢在一个直播间里，一起做主题、做内容、做活动，老年大学、旅游、农场、营养品等相关产品都是在直播间向客户推荐的。3月中旬，4个区域联播，搞了一场"一日游"的活动，一下子涌进来老老少少600多人。活动当天，12辆旅游大巴一字排开，沿着城市主干道浩浩荡荡开往旅游目的地，声势浩大，风头十足。

同时，徐州市场很快地接入了V厨的中央直播间。每天早上开播的"每天上V厨"非常受客户欢迎，精心选品、主播人设和喜点赠送等方式，让用户有非常高的黏性，很多观看直播的客户感慨"真的会上瘾"。有这么一个真实的案例：徐州九龙湖小店的一个客户，搬家到山西大同跟儿子住一起去了，每天还很准时地看直播，还会买一大堆东西。而这些产品是往徐州的小店这边送，每次有货品到店，都需要小店店长帮忙转运到山西大同,哪怕需要他多支付一笔运费也不纠结。后来,他可能觉得产品转运实在是有点儿麻烦,就多次打电话给店长,了解山西大同那边V厨小店的情况。后来,他在当地四处打听,真的在大同那边找到了一个V厨小店,这才把客户关系从徐州改到大同,从此不再有后顾之忧。

"如果在徐州市场,我们真的做到100家V厨小店的话,那会是什么场景?"袁总团队规划的并不是一个遥不可及的目标,很可能2025年就能完成一半。把徐州市场做深做透,客户走到哪里都有V厨小店,自然能够对小店更加信任。有不少客户家境殷实,在徐州不同的区域有三五套房子,无论他住在哪个小区,V厨小店都能就近服务他,这种信任关系才是牢不可破的。

| 第十三章 |

贵阳小店爆发

贵阳市场的冠羚羊行在品牌深耕与积累多年之后，2025 年在社区小店的模式上开始了大爆发。从 3 月开始，一个多月的时间，19 家"冠羚大集"社区店在贵阳城里各个小区集中开业，一时间盛况空前，当地人走到哪里都能看到冠羚大集，也抱以极大的兴趣。然而，罗马不是一天建成的，贵阳市场基于线下门店的布局与谋划，早在七八年前就开始了。

徐总在自己创业之前也是做会销的，在大健康领域浸淫多年，在贵阳当地积累了一定的资源和人脉。2016 年在贵阳创立德善堂，一家门店加上一个运营中心，围绕大健康的产品，用实体门店的销售模式，坚持长期稳健地做下去。当年，他在一个行业展会上与庄泰结识，与邵总结识。"德善堂"三个字就代表着企业文化，"以德服人、日行一善、堂堂正正",而善又包含两层意思:一是爱心,二是孝善。这个文化跟庄泰倡导的爱心文化相似,与"有家、有爱、有未来"在气质上相符合,在内容上相匹配,而当时庄泰在全国已经开设了数千家冠羚羊行实体门店,这算是比较领先于同行的亮点。企业文化上相匹配,实体门店又相符合,徐总很快就跟庄泰建立了信任关系,并且开始了长期的合作。

"从那个时候开始,我们就计划开店,要开店我就想了一个问题:要如何开店才能快?"徐总在2016—2018年,一边运营少数几家门店,一边则是在琢磨开店机制。2017年准备扩张拓店的时候,在一款产品上受到比较大的影响。这款产品是之前合作伙伴的产品,遭到当地媒体"3·15"的曝光,销售陷于停滞,整个节奏被打乱。2017年下半年,他也没有拓展新店,而是用现有的两家店面进行数据拉新,有点类似超级社群加上私域直播的运作。整个流程跑下来,并没有很成功,唯一值得庆幸的是,收集和留存了大量的客户数据。到2017年底,他把运营中心的7名核心员工召集起来,讲了开店的机制。

一是平台合伙人仅面向公司内部的核心骨干员工开放,也叫福利股东。运营中心作为平台,拆分成100股,以每股1万元的方式招募福利股东,福利股东可以每年享受公

小店经济：
社区小店凭什么持续获利与快速裂变

司的股份分红，但不具有平台公司的股份所有权和公司决策权。并且，尽管公司以更高的价格吸纳了更多的福利股东，发展融资了，但福利股东的股份分红权不稀释，基本保持不变。随着公司的发展壮大，每年的分红额度持续增加。当时，7名核心员工，有5名认可和参与进来了，他们认购的股份分红权最低的是投3万元获得3%，最高的也有5%。平台的合伙人机制，相当于把运营中心发展的几名核心骨干人员固定住了。现在回头看，这些参与者也是实实在在拿到了实惠，每年少则几万元，多则十几万元、几十万元的分红，确实是一笔非常可观的额外收入。二是门店合伙人的组成。开店的机制也是首先面向内部员工，从内部开始裂变，只要员工愿意开店，公司仅占30%的股份，店长占70%的股份。这种三七开的股权安排，可以极大地调动员工的积极性。后续的门店快速裂变，也验证了这一点。

最早的两家门店，虽然货架上有冠羚的羊奶粉、山药粉等系列产品，却并不叫冠羚羊行专卖店，门头上也没有冠羚羊行的品牌标志。事实上，店里还有几种别的营养品。自2018年开始，他们按照总部冠羚羊行专卖店的要求和标准，对原有门店进行全面整改。从原有门店整改成冠羚羊行专卖店之后，门店在当地就一炮而红了。因为冠羚羊行

第十三章 | 贵阳小店爆发

的品牌力和产品力摆在这里,品牌在别的市场收获的客户认可与好评,分享给贵阳的客户,就很有说服力。贵阳的冠羚门店重新开业,新老客户到店开会,店长简单地对冠羚品牌进行介绍,就能实现小单转化,让客户重新注册成冠羚会员,客户的接受度很高。自此,徐总带着团队,更加坚定地走实体门店的路子。这两家门店至今仍然是公司直营,作为公司打造的样板,供员工学习和借鉴。

2018年之后的新开门店,都按照门店合伙人的制度来执行。当时约定了低、中、高三种门店投资盘,分别为10万元、15万元和20万元,有员工出去开店,就按照这个投资盘面进行资本投入和股权分配。每家门店都是独立的个体工商户,员工既是投资人,也是店长,还是大股东,享有门店的大部分收益。按照这样的激励机制,当年就有两个能力较强的员工主动请缨,出去开店,其中一个还是福利合伙人。

他们两个人开店,很快就起到了标杆的作用。两家门店投资都在10万元以内,当时还是以专卖店的标准要求的,装修比较高大上,店内崭新的货架、柔和的灯光,店外的发光字体广告、灯箱广告等都给安排上了。客户到店里来会觉得非常敞亮、非常舒服。当时在门店的实际运营上,店长虽然是大股东,但跟店员一视同仁,都有基础工资和

小店经济：
　　社区小店凭什么持续获利与快速裂变

奖金。当年底，两名店长还得到了一些额外的分红，引起了内部员工的充分讨论，起到了标杆作用。员工之间关于如何开店的讨论越来越积极。2019年，一下子有7家门店陆续开起来，还是按照同样的机制，这7家门店也基本实现了盈利。

随后的新冠疫情严重影响了人们的日常相聚和交往，贵阳团队也放慢了开店的节奏。2023年回归常态，贵阳又迅速地开了10家店。这时候，不仅有公司内部的员工去开店，通过员工介绍的亲朋好友也积极地参与进来。很多人还是行业"小白"，看到别人都拿到了结果，也跃跃欲试。随着2023年底的3家冠羚羊行店正式开业，贵阳市场一共有21家门店。2024年开始，所有店面都借鉴了超级社群的玩法，把客户数据重新激活和转化，在客户数据和销量上都创出了新高。一时间，局面非常乐观，老店的营收非常稳定，新店的发展速度也很快，形成了一个彼此竞争与合作的良好局面。

2024年没有新增门店，大家的精力都花在了新开门店的管理和运营上。投资开实体门店是一项有风险的投资行为，在冠羚羊行的体系里，虽然有各种支持和赋能，但对于具体的门店运营事无巨细，需要店长去花心思做好，用心去做客户服务。当年做得最好的3家新店，一年就拿到了销量突破 300 万元的业绩,非常振奋人心。几乎所有门店在优质客户的积累上,都达到了 300 人以上的标准。这些优质客户是指在冠羚羊行核心产品上消费过 1000 元以上的客户。单个门店就能有这样规模的优质客户,从长期来看,盈利是很顺理成章的事情。在年底员工大会上,员工团队人数也超过了 100 人,公司对优秀店长进行表彰,发奖金、发分红。获益最多的店长,既有店铺股权分红,也有平台股权分红,总计在分红上了拿到了近百万元,引起了轰动。2025 年想开店的 8 名员工积极主动报名,公司统一安排他们参加了由冠羚羊行总部在武汉召开的店长大会。

徐总在贵阳市场的门店实践,在 2023 年之前,都是按照专卖店的模式去设计的,在形式上跟南京总部倡导的社区小店有些差别,一些店还有会场,方便邀约客户到店开会。但在实践操作上,凭借冠羚品牌的影响力和产品力,门店的运作则是殊途同归:门店的拓展,一开始就让员工参与进来,控制成本和控制风险成了被客观约束的工作条件。很多门店就开在社区周边,也契合了社区服务的宗旨,通过借鉴超级社群的玩法,快速实现了客户关系数字化的转型。

从武汉店长大会回来,徐总在门店合伙人的制度设计上做了调整。第一,按照实际投资金额约定投资股权,没

小店经济：
  社区小店凭什么持续获利与快速裂变

有再按照原有的10万元、15万元、20万元的投资盘做硬性约束。因为有些门店租金便宜，简单装修就可以开业，确实用不了10万元。第二，开放了联合创业机制。有些员工的闲钱只有三四万元，没办法按照70%的比例去开新店，这时候，他们就可以两位或三位合伙一起投资开店，大家约定好权益、责任就行。第三，为了给员工和店长更及时的激励，分红的周期从一年分一次变成一个季度分一次，召开全员大会，取出现金当场分红，所有合伙人、店长和员工都必须参加。这么一来，相当于投资门槛又拉低了，很多原来犹犹豫豫的员工下定决心要开店跟着干。2025年，短短几个月的时间，贵阳市场一下子新增了19家新店。这些新店像雨后春笋一样，突然间涌现，也令贵阳市民好奇不已。更有意思的在于，这些新增的小店里，有6家门店是原有门店裂变出来的，店长都是原来两家门店店长的亲朋好友，只要他们之间商量好，公司层面的机制都一视同仁。

贵阳市场也经历了一个思想和理念上的转变。原先认为一个区域开一家大店就可以搞定，后来发现不行，很多客户服务不到就会流失，之后就按照多家小店的布局推进。贵阳的城市情况和其他地方还有点区别，因为贵阳是这几年才逐渐发展起来的，不像南京、北京、上海这些大城市，而且贵阳是山区，小区规模都不大，有些地方的小区只有几栋楼。因此，几年间发展下来，整个贵阳市场既有200平方米、300平方米的大店，可以作为区域的旗舰店和服务中心，也有几十平方米的小店。特别是2025年新开的十几家店，都是月租金在3000元以内的社区小店。

经历过数字化社群运营之后，团队发现门店的大小与销售额并不是正相关的关系。既然物理空间的大小没有那么重要，那么做大店就不如做小店。如今的"冠羚大集"，就是把社区居民日常所需的蔬菜、水果、百货以及营养品等集合在一起，通过数字化的方式去向客户推荐，让客户常常来看，持续复购。此时，这19家小店还处于客户关系初步建立和运营的阶段，一共有8000个有效数据，每天看中央直播的有6000人左右。同时，贵阳团队开始专门构建水果、蔬菜的本地供应链，组建专门团队进行采购，为所有的小店提供配送服务。徐总坦言："经过几个月的时间，把模式跑通，把局面打开，2025年贵阳市场第二波社区小店的开店潮又会继续推起来。大家的积极性都很高，目前报名开店的已经有8个人了，在整个贵阳市场再开个20家没啥大问题。"

小店的运营策略

第十四章

小店的选址经验

2025年3月,浙江某城市的核心城区,距离5千米左右的两家V厨小店同时开张。由于同在一个体系里,两家门店的投资人、店长、店员组成一个小组,大家在开业前沟通开业方案,包括开业时间、促销政策、广告设计,统一思想,协同操作。当时,双方找到了一个很靠谱的本地供应链,快速储备好基础货盘,对蔬菜、水果、特产、冻品、调料等符合V厨小店调性的产品都进行了精选。

开业的基础方案是,促销做3天,用"0.1元一棵大白菜"的权益引流,用"2.99元3斤红皮土豆"和"5.99元2斤铁棍山药"的权益做配合,3个蔬菜单品一起推动新店开业,让大家完成三个动作:注册V厨会员、加店长微信、加入V厨团购群。当时,周边菜场的蔬菜价格是,一棵大白菜3元以上,品质高的可以卖到5元,一斤土豆3.5元,

小店经济：
社区小店凭什么持续获利与快速裂变

一斤山药 4.8 元。相比起来，V 厨小店具有很大的价格优势，而且提供给大家的都是日常刚需的蔬菜，家家户户都有需要，在购买决策上不需要太纠结，让客户觉得"买到就是赚到"。可以说，这样的促销方案，整体上比较契合 V 厨小店的定位。

除 V 厨小店促销方案之外，他们还精选了线下货盘：蔬菜肉蛋类还有鸡蛋、鸭蛋、小红薯、小番茄，水果类还有苹果、香蕉、甜瓜，特产有腊肉、香肠，冻品有小笼包、酒酿馒头、虾仁玉米，调料有酱油、醋、料酒、辣酱、榨菜，再搭配一些牛奶、薯片、瓜子、话梅等零食，开业前一天这些价值 2 万多元的基础货盘到位，小店里的货架和冰柜一下子就摆放得满满当当，看起来确实很有感觉。

开业广告已经在门店提前张贴，周边居民客户也有了初步的沟通和关注。开业当天早上 8 点，小店门口就聚集了不少客户，大家怀着好奇围观了解：有人挑选货品，有人加微信、注册会员，有人跟店员交流，结账埋单一下子就排起了队伍。早上 8 点至 10 点、下午 4 点至 6 点两个时间段人气最旺，其他时间稍微平稳一些。整体上看，当天进店的人数超过 200 人，为开业准备的 200 份大白菜、山药在第一天就被一抢而空，土豆还有 10 来份，第二天紧急补货 100 份。第二天进店的人数降至 150 人左右，第三天

100 人左右。整体来说，3 天进店人数超过 500 人，注册 V 厨会员的人数有 300 多人，加群人数也有 300 多人，陆陆续续有退群的，3 天后群里存留了 240 人。两家小店同期开展活动，货盘一样，促销方式一样，进店人数一样，效果也几乎一样。3 天的营业额都超过 15000 元，综合毛利为 15% 左右，换算成金额为 2000~2500 元。作为 V 厨小店，这样的开业活动还是符合预期的。

  3 天开业之后，自然流量回归常态。店长开始引导大家在群里团购下单，200 多人的群，每天 50~60 单的接龙，当天群里预订，第二天到店取货。这种模式的优点是可以保证价格实惠且货品新鲜，还能减少库存、减少损耗；缺点就在于，客户在群里只能看到图片或视频，若到店发现货品不对版，很容易陷入尴尬而失去信任。进入 4 月，两家店的运营回归正常，每天 3~5 款团购货品，日常流水每天 1000 元左右，一周搞一次大的促销，能够拉到 2000 元。社群里的客户也慢慢养成了习惯，早上 8 点看一看团购的货品，有需要就在群里接龙下单，下午 5 点下单截止，通知供应链备货，第二天到店取货。这期间也沉淀了一些销量不错、口碑不错的单品，如小柑橘、阿克苏苹果、天目山小香薯、普罗旺斯小番茄等，销量稳定，复购率也高，一些客户也能在群里做正向反馈。

小店经济：
社区小店凭什么持续获利与快速裂变

从结果来看，这两家小店有了很好的开始。没有用超级社群，没有用暴力拉新，而是通过刚需高频的蔬菜水果培养客户的购买习惯，客单价都不高，也不过度打扰客户。在营销方式上，也仅用社群团购这样比较简单的工具在提供服务，区域直播间仍在策划，中央直播间也没接入。概言之，两家V厨小店仍是主要依托传统的货架模式，刚刚迈出了第一步而已。两家小店在同一座城市相距不远的小区，面向同样的客群，采用同样的货品搭配和同样的营销方式，获得了几乎同样的数据结果，然而，在两名店长的心里，却形成了黑白分明的判断：一个焦虑一个淡定；一个满意一个后悔。为什么呢？关键的区别就是小店选址。

A店位于城区的东面，属于临街商铺，在两条街道的交叉口，两条街道也不是城市主干道，属于生活街区的道路，对面有小学、幼儿园，同一条街上有水果店、小吃店、蔬菜店、理发店等。这家门店离小区门口有一定距离，居民从家里走过来，要先走出小区门，再绕一下才看得到。门店面积也比较大，40平方米左右（还有小储藏间），当时店长对于品质有要求，在装修上也下了功夫，在广告、货架、灯光上都有用心设计，给人感觉很舒服。当然，店铺临街、面积较大、装修较好，都是以更多的投入为代价的。这家门店一年租金是8.4万元，店铺装修陆陆续续投入也超过 6 万元，再加上定制冰柜、定制货架的近万元，这个店铺的初始投入就超过了 15 万元。

B 店位于城区的西面，属于社区内部商铺，门口是一条社区内部主干道。这条长 1 千米左右的小路把小区分成了南区、北区，是一条窄窄的汽车单行道，虽然也可行车，但更多的是行人或非机动车。道路西边有一所小学，边上也有文具店、菜店、肉店、面包店、棋牌室等，这是很多社区居民东西来回的必经之路。V 厨门店面积比较小，20 平方米左右（也有个小储藏间），店长租下来的时候，看着还算干净简单，除一些必需的广告牌之外，没有做任何的装修，二手市场采买的货架和冰柜一摆，就可以开业了。这家门店一年租金是 4.2 万元，广告、灯箱、货架、冰柜加起来 8000 多元，为了确保用电安全，还花 1600 元做了一次旧电线改造以及电门检修，总计投入费用 5 万多元。

我们可以简单算个成本账，先不说货架、冰柜、装修等可以多年折旧的部分，仅两家店的月租金对比，A 店每月 7000 元，B 店每月 3500 元，双方就差了一倍。小店能维持下去的第一条，就是通过水果、蔬菜等基本品类的团购平衡门店的基础成本，基础成本里最大的一项就是门店租金。如果按照 15% 左右的毛利水平来推导，A 店每月至少需要完成 47000 元的销售额度才能平衡门店租金，相当

小店经济：
社区小店凭什么持续获利与快速裂变

于平均每天至少需要 1500 元的销售额；而同样的目标对于 B 店来说，只需要每天 750 元、每月 22500 元的销售额就可以实现。从实践的情况来看，每天 1000 元左右的营收，对于 A 店是不够的，还差了 50%，对于 B 店而言则是略有盈余。当然，这个账单还没有包括人员成本。如果把人员成本加上，那 A 店的日均营收要求更大，至少要在 3000 元以上，相当于现阶段水平的 3 倍，这几乎是现有状态下不可能实现的经营目标。而对于 B 店来说，目前新店开业，微亏的情况是可以接受的，毕竟门店也需要养一养，增加一些营销策略，实现扭亏为盈的目标并不难。于是，结果显而易见，两家小店最大的区别就是选址，A 店的选址是不成功的，B 店的选址相对成功。

因此，我们才说，在 V 厨小店拓新裂变的时候，选址的重要性怎么强调都不过分。一些人以为 V 厨小店是数字化时代的商业模式，长期依靠的是数字化理念和工具。这话是不错，不过，数字化的理念和工具依然要围绕着客户来展开，要围绕着社群和社区来展开，否则就是无本之源、无根之木。事实上，从一些城市的社区小店的实践成果来看，只要选址成功了，小店就成功了一大半，而与此相反，在选址上的任性决策与随性而为，很容易为后续的可持续发展埋下巨大的隐患。

回归到 A 店的案例，既然选址上犯了错误，这家店如果还想要"活"，只有两条路：第一，扩大每天进店的客流量。新店开业，周边社区居民都还没来得及认识和熟悉，不会主动到店，要拉动新客户进店，必须加大促销力度，这些措施包括调整产品搭配、增加蔬菜水果品类，要把低价促销变成常态化。这就相当于在很多产品上，只能平进平出不挣钱，甚至有一些商品要亏钱售卖，这样为了流量而设计的促销政策是以丧失利润为代价，短期可能有所改观，长期来看很难持续。第二，嫁接高毛利的营养品。在有一定流量的基础上，如通过二次开业暴力拉新，把单店社群客户推高到 1000 人、活跃客户推高到 500 人的规模，就可以进行营养品的引导和营销，线下增加客户进店频次，线上通过直播锁客、小单锁客再翻单转化，用高毛利的营养品转化来弥补前期蔬菜水果的亏损。然而，这样的方法并不新鲜，很多私域直播公司都在做，暴力拉新、直播锁客，加上翻单转化，整个流程满满的套路，用后段的利润去平衡前段的亏损，很多见过世面的客户早就习以为常，中间一级一级的转化率越来越低，谁都不敢保证营养品的利润能够弥补前期的各项成本投入。

因此，A 店面临的是一个进退两难的境地：若按照原有的理念，选址失误导致成本高企，持续亏损就是一个重

小店经济：
　　社区小店凭什么持续获利与快速裂变

大风险点；若按照"剑走偏锋"的营销打法，即便是能够扭亏，也不一定能长久持续。因为无论是"暴力拉新"还是"嫁接营养品"，都意味着跟V厨所倡导的深度经营社区居民的信任关系背道而驰，也意味着在经过一轮"收割"之后，社区小店很有可能被大部分居民贴上"套路满满"的标签，像所有转瞬即逝的"私域直播店""团购店"一样，必然不为社区环境所容纳，很难存活下来。若要彻底扭转局面，留在A店店长面前的恐怕就只有一条路：认错改错，择机关店，重新选址，重开新店。这样一来，前期已经投入的十几万元也就打了水漂。这一决策，无论对于谁来说，都不是一件容易的事情。15万元是什么概念？按照5万元一家小店的投入成本估算，可以开至少3家小店，可以为3个不同社区的数千名居民提供服务了。

　　一个容易让人误解的问题是，既然社区小店的后端有如此强大的数字化赋能体系，前端的小门店怎么开、开在哪里应该没那么重要了。其实不然，社区小店是数据入口，是客户进入体系的物理空间，是客户建立信任关系的起点，如何决策依然有一套商业逻辑。

　　传统开店的模式，都想要把方圆2千米、3千米甚至5千米的所有客户拉过来，优先考虑临街商铺、商业街、主干道两侧，人能很方便到的地方就可以。这个时代，人们已经不会专程跑三五千米去买个水果蔬菜了，出个门、下个楼都要下很大决心。浙江某城市的一位老板找到一个非常满意的门店，门前是一条双向 4 车道的主干路，门店背靠着一个大型小区，大概有 1000 户，对面有两个大型小区，每个小区在 800 户以上，直线距离都在 1 千米范围内，理论上门店可以辐射这 3 个小区的将近 3000 户的客户。并且，在这条小小的商业街上，大概有 20 家门店，其中有 8 家是做保健品的。每天早上这 8 家保健品店都会叫客户到店开会，每天一散会就有超过 500 人从门前经过。按照传统的逻辑，若他们之中有一部分每天都能进店，那这家店必定成功。了解到这个具体情况之后，南京 V 厨总部给出的建议是谨慎一些，先做蹲点调研，了解清楚客户的真实情况。不过这个老板开过店，有非常多的经验，也很自信，租金上也能接受，行动力很强，一个月不到就把小店开起来了。小店开业之际做促销，效果很不理想。原来，每天隔壁几家营养品店很多客户都会到店开会，上午一散会，每个人手里就拿着几样东西，都是到会礼品或营养产品，包括大米、油、面、水果之类，两只手满满当当，已经没有闲工夫再进店逛一逛了。别人的客户就是别人的，贸然之间很难截流转化。最近，这个门店又出现了新的问题，因为有关部门在严查和规范，旁边的店也都不开会了，这个门店

小店经济：
社区小店凭什么持续获利与快速裂变

也直接没人来了。原来人来人往，至少也有期待，现在门可罗雀，彻底让人丧失了信心。这个老板的失误就在于，太过依赖以往的经验，把小店做成了传统模式，定位失误导致选址失误。目前，他已经认错改错，准备关店，选址重开。

选址之前我们要强调社区小店是什么定位，定位准确了，店址才能选好。社区小店定位于社区生活消费，为社区居民提供便利服务。如果需要居民走出社区门口，再走个三五百米才能到店，这就不够方便。因此，小店就是要在社区内部，离社区居民越近越好，越方便越好。宁波市的另一个案例，选址就很准确，开业也很成功。这家小店开在小区内部主干道的边上，面积有60多平方米。一开始选址的时候，也找了几个地方相互比较过。这个小区有东门、西门两个大门，门口分别有一个主干道，也有商业街和大小不一的临街商铺。最终老板没有把门店开在东门或西门外，而是开在了小区内部，不仅房租更加便宜，也离客户更近一些。事实证明，在这个看起来商业氛围没有那么浓厚的地方，反而取得了很好的效果。开业当天营业额破万元，按照20%左右的毛利估算，开业当天就挣了2000元。好多客户第一天到店之后，说得最多的一句话是"我们小区里面终于有一家卖水果的店了"。原来，小区范围比较大,以前小区居民想要买个水果,要骑电瓶车到东门或西门,天冷不想去,天热又怕晒,刮风下雨也不方便,只有春秋还能走一走。现在小区内部有一个卖水果蔬菜的V厨小店,居民买东西就方便多了。这家店开业3天之后,打造了第一个自己的爆品,做了一款海鲜,经过几次复购,就把两个月的房租挣回来了。最近,这家店的店长开始有点儿骄傲地抱怨说"开V厨小店好累"。预计的营业时间是早上8点到傍晚6点,店长一到6点就想关门,但是发现根本关不了门。原来,客户每天傍晚5点吃完饭之后,都喜欢在小区内部散散步,走着走着就来到V厨小店,有合适的东西就买点,店长也不能把人赶走,就只能留下来继续看店,一般是被动地开到晚上8点多。这个小店短时间内就融入了社区生活,在商业实践上很成功,未来不可限量。

从上述几个小店实践经验来看,选址决策对于小店能否成功是关键的一环。在同一个城市服务同一群客户,社区小店如何选址依然是一门学问。选址失误会引起连锁反应,后果相当严重,不少人在这个问题上栽过跟头。为了提高开店成功率,在邵总的亲自指挥下,V厨小店和冠羚大集两家小店体系都有专门的选址专家,负责为有意向开店的投资人提供点对点的指导和建议。那么,社区小店的

小店经济：
社区小店凭什么持续获利与快速裂变

第一步选址,究竟应该遵循什么原则呢?不同城市、不同小区的情况不尽相同,需要结合当地的情况妥当推进。当前,从数千家社区小店一年多的商业实践经验来看,新店选址至少有以下几条基本原则。

第一,不要街边店、商场店,要社区店。

社区,就是大家生活居住的区域,算是一个小型社会。不同的城市有不同的社区,居民只要住在这里,日常生活的基本消费一般就近解决。一个新小区商业配套好不好,看的既有中小学校、医院等公共服务设施,也有菜市场、超市等商业设施。公共设施一般由政府和开发商进行规划,商业设施则按照市场化的方式去解决。成熟的社区(如超过5年、10年)内部或周边都有服务居民的各种小店,包括菜店、小吃店、理发店、水果店、小超市、修理店等,当然,一些别墅区、高档小区可能内部是没有商铺的,但小区周边一定有。服务社区居民日常生活消费的店,就是社区店。

每个城市在主干道上、商业街上、交通枢纽(如高铁站、地铁口、公交车站)周边分布了很多街边店。这些街边店的自然流量一般比较高,为很多品牌商家所青睐。传统的门店思维首先是流量思维,没有流量就没有一切。那些知名的各类型品牌店、连锁店,通常是扎堆出现在商业街的,商铺门口每天数万人的自然流量稍作引导,就能够支撑店铺的日常运营。此外,城市里一般也有大型商场,如大悦城、银泰、万象城等,作为城市的商业IP,吸引周边居民前往购物休闲。这些商场里的商铺,也是基于商场所能吸附的整体流量来开展运营思路的。其实,无论是街边店还是商场店,都是流量思维的门店,适合那些有资本实力,需要在公域打造品牌形象的公司,如奢侈品店、品牌连锁店,店铺租金就是公司购买流量的成本。店铺租金、装修成本这些硬投入没有几十万元根本下不来,这样大的开支对于小微创业者而言完全不适合。更主要的问题还在于,这些门店做的是流量生意,客户里可能是游客、上班族等占据主体,不需要也不适合建立信任关系。

与之相反,社区小店要的不是流量,而是存量,是跟周边的居民建立信任关系,复购率非常重要。社区居民的房子就买在这里,他们就生活在这里,不会轻易搬家,这种情况才适合建立信任关系和持续运营,这就是选址社区内部或周边的最核心的理由。当然,聚焦到某个具体的小区,究竟是内部的商铺好还是门口的商铺好,可以按照小区居民的流量标准来优选。比如,要选择小区的主干道,最好以步行或非机动车道为主,小区居民上班下班、去菜市场、去车站、接送孩子上下学……都有机会在门口路过,

小店经济：
社区小店凭什么持续获利与快速裂变

这是一个具有基础人流量的行动路线。这样的选址，就是要确保每天都有一定量的小区居民从门店路过，小店招牌一亮相，就能被他们轻易看见。

第二，不要大店、中店，要小店。

这里的大小表面上是指店面，实际上是指投资成本。店铺的大小一般是指实用面积，这个又跟租金成本相关。社区小店的一个基础逻辑是，小店的小是物理空间小，它的能耐却不小。我们通过数字化赋能，在虚拟空间里，小店能够实现的功能比传统模式下的大店、中店多多了。我们做的是数字化的商业模式，小店是一个数据入口，是一个能够与客户常见面、简单交流和提供服务的社交空间。我们不是会销模式，不需要预留会场；也不是货架模式，不用摆很多的货架和商品，因此，实用面积的大小没有那么重要。我们应该尽可能地控制合理的空间，从而控制小店成本，控制运营风险。

大店的租金高、投资大，风险也高，我们要控成本，店面越小越好，十几平方米、二十几平方米，最多三十几平方米，超过40平方米的实用面积，我们一般就认为太大了，不是小店而是中店了。从全国现有的经验来看，一家小店的租金不要超过每个月3000元就是比较合适的。不同城市、不同社区的租金水平也有差异，如一二线城市小区的十几平方米店铺的租金，有可能比三四线城市几十平方米的店铺还高，我们也会建议三四线城市要发挥这个成本优势，尽量稍作控制。当然，从一线城市如上海、广州，准一线城市如南京、杭州、苏州等来看，租金水平可能比较高，稍微超一点儿也可以接受，毕竟面向的也是有更高消费力的社区居民。但是，超过太多甚至翻倍，那就严重不建议了。租金成本是每家小店最主要的一块硬投入，一旦定得太高，对正常运营产生影响，就没有转圜余地了。有些城市的小店在选址的时候，店长对自身的运营能力和小店盈利水平预期过高，一到落地实践，发现问题不断，如果硬成本投入过高，再去复盘、改正、调整的时候，就会非常艰难。

我们把单店做小的另一个理由，其实是为了小店做多。从竞争的角度来讲，我们的小店有点儿像"小强"，一只"小强"毫不起眼，可能很弱小，如果有一万只"小强"，就可以组建成一支"小强"雄兵，跟老虎、狮子、大象也能斗上一斗。"小强"足够渺小，资源依赖度也低，生存空间要求不高，深入基层社区，在缝隙市场里寻找生存机会。大象是看不见"小强"的，"小强"也不会被任何动物看作竞争对手。如果我们搞几只羚羊、斑马，在老虎、大象、狮子面前没有任何生存机会，一下子就被踩死了。有些城

小店经济：
社区小店凭什么持续获利与快速裂变

市的社区小店租金水平能够低到每个月800元、900元，当小店实际运营起来之后，这样的硬成本很容易平衡。当这个成本通过做一次团购、搞一场直播就能赚回来的时候，店长的心里就会很有谱，无论做什么运营决策都可以从容淡定，硬投入几乎可以忽略不计。单店成本不高，一些城市五店同开、十店同开的情况也时有出现，每家小店都能服务周边800~1000的人群规模，多店加起来，整体的数据量就很可观。这种适度规模化的商业逻辑，不仅在供应链谈判上能有更多砝码，在社群团购、直播转化上也有明显的优势。

第三，不是"最后一公里"，而是要做好300米、500米范围。

物理距离对于消费者的消费偏好和购买决策具有关键影响，人们在消费时想要就要、马上就要，都偏好于就近购买，越近越好、越快越好。特别是自数字化对零售进行创新与变革以来，大家在无限压缩与消费者的空间距离，消费者在电商平台上下单购买，能够送货到门、送货到家，这是一个非常好的体验。传统的品牌连锁店通常会设置3~5千米范围的"保护区"，这个保护区里的消费者，在理论上都由这家店来服务，不可以有别人来开设新店，以免对客户群体进行分流，从而影响门店的营销业绩。

第十四章 | 小店的选址经验

我们谈新零售、谈电子商务、谈本地生活的时候，经常出现的一个词条就是"最后一公里"。也就是说，通过有效的方式，如数字化工具加上随时响应的物流快递，能够尽可能地接近消费者，让无限缩短的空间距离对消费者的购买决策形成正向影响。现阶段，尽管数字化程度已经很高，但"最后一公里"问题的解决并没有完美方案。一些消费者注重隐私，并不喜欢送货上门；对于电商平台而言，每个订单都送货上门不仅成本更高，体验也未必好。于是，最常见的模式是寻求一个中间方案，即快递驿站。快递员可以批量送到驿站，居民自行到驿站取货核销。城市里几乎每个小区都有快递驿站或智能快递柜，作为小区居民的收货中转。快递驿站是目前看起来在成本、效率和体验的相互平衡中，较优秀的一种解决方案。不过一个快递驿站的辐射范围也没有一定的标准，超过1千米、3千米甚至更远的情况也常常发生。

1千米是什么概念？成人步行的速度为每分钟60~70米，步行走完1千米在15~17分钟；骑电动车快一点儿，也要8~10分钟。这实际上是一个不短的距离，很少有人，特别是老年人，为了几毛、几元的优惠，花费近40分钟，专程来回2千米买东西。人们可以走1千米去商场、大型超市购物消费，却不会为一家小店这么干。某个客户走一次

小店经济：
社区小店凭什么持续获利与快速裂变

两次可以，却不可能天天如此；一个两个客户有可能，不可能所有客户都如此。因为1千米的购物距离不符合人性，这不是常态。因此，我们在小店选址上要考虑的是成人走路3~5分钟的距离，即300~500米范围内的社区居民，加上走楼梯或者电梯的时间，也可以控制在10分钟左右。在这个消费距离内，大部分消费者毫无压力，购物决策就很容易实现。

在这些原则下，还有一些成本投入，如装修、冰柜、货架等。一个基本的要求是，在门店招牌广告上统一形象，灯光稍微显眼明亮一些，给人以干净整洁的面貌即可，不要求过度装修；而冰柜、货架可以到二手市场去淘，能够满足基本功能即可。所有投入都要进行成本控制。单个小店也是一个小生意，切忌大手大脚，节约的每一分钱实际上都是盈利。

综上所述，选址不能仅靠单一原则就匆忙作决定。比如，有些人就看租金便宜，离小区门远一点儿也无所谓。现在看来，租金少是一方面，也必须综合考虑居民的行动路线。想要增加客户到店频次，就必须选择在他们天天路过的地方。很多人认为，如果找不到合适的，可以退而求其次。世事无绝对，任何投资都有风险，若已经做好心理准备，能够承担最坏的结果，当然也是可以将就的。有一些城市的小店,一开始选址并不好,还可以进行微调,好就好在成本很低,在原有小区步行范围内迁址重开也有成功的案例,小店还在同一个小区,客户基本不会流失。一句话,如果在选址上将就,就意味着可能承担额外的成本,运营的思路可能会不一样。其实,用心的人花时间一定能找到。不是开车去找,而是走路或者骑电瓶车去找。先在小区里面找,实在找不到,再靠近小区的大门口来找。一个小区可能有好几个大门,一定要找人流量最多的大门。如果大家都往这个大门走,这一定是最好的位置。同时,要参考小区里现有的商业生态,如小吃店、菜店、水果店、便利店等,看看它们的人流量如何。如果这些店铺都"活"得还不错,就说明基本上自然流量还可以;如果有连续关店倒闭的情况,则要多加小心。还有一种情况,一些比较大型的小区,住户超过1000户、2000户、5000户甚至更多人口,小区范围很大,不同方向的门有很多,那么在不同方向的门都可以开小店。在一些城市,一个小区能开出2家或3家小店。最典型的在合肥地区,有一个大型小区开出了5家V厨小店,而且这5家小店的客户群都不重合。这样一来,无论客户从哪个门走,都能看到V厨小店,形成了一定的消费截流。

一旦找到好的店铺就要按照长期(3年起,最好是

小店经济：
社区小店凭什么持续获利与快速裂变

5年、10年）来签，要有长期主义的心态。小店投资小，最好能长期做下去，只会一年比一年好。所以说，选址是开店的第一步，最好能一步到位，就不用额外交学费了。如果一时间拿不准，情愿慢一点儿、稳一点儿。南京V厨总部也有专门的选址专家，最好在选址阶段就可以把相关的情况及时同步过去，专家会按照具体的城市作一些专业分析，适当地给一些决策建议。当然，最终的决策还是得由自己来做。

| 第十五章 |

小店的选品逻辑

2024年9月底的一个大晴天,南京市江宁区武夷花园小区东门正对面,一条小巷子往里走30米左右,一家V厨小店正在做开业活动,店租便宜、装修简单,人气却很旺。这家店每天都有策划营销活动,热闹非凡。这时,门口摆了一个展架,放了一堆好东西,1元3斤蜜薯、1元3斤土豆、1元两盒回味鸭血、9.9元20颗土鸡蛋……很多人路过,简单注册、加群就可以购买。

有意思的是,V厨小店旁边有两家同行,都在同一条街上,直线距离一家20米,另一家50多米,据说3个月前就开起来了。这两家一家是做社区团购的,另一家是做私域直播的,他们的做法和套路都差不多,蔬菜作引流,进群送鸡蛋,拉人头也送鸡蛋,天天请客户去开会,做专题讲座,卖保健品。这样的套路并不新鲜,周边的居民都

小店经济：
社区小店凭什么持续获利与快速裂变

很熟悉了，都在用心提防着。这两家同行门口已经冷冷清清了，尽管还放着宣传广告，还有"加群送鸡蛋"的优惠措施，但大家都躲着走了。可以预见的是，小店只要被周边居民标签化了，生存环境恶化，就很难有可持续发展的机会了。

V厨小店开业之时，一些人也怀疑，又来了一个玩套路的新店。刚开始，居民们也有所提防，有不少居民领了优惠就果断退群，就怕被套路。结果发现，两三个月过去了，这个V厨小店完全不一样，从来不会喊人去开会，就是在社群里做些团购，在直播间卖点儿东西，都是与厨房相关的一些食品用品，既有水果蔬菜，也有日用百货，价格很实惠，品质有保障，售后服务还很全面。慢慢地，曾经退群的不少人重新申请入群，这个店完全依靠店铺门口的自然流量和客户之间的口碑相传，持续获得了周边客户的认可，聚集了一波人气。依托小店建起来的两个微信群，已经有超过600个客户，活跃客户也有200多人，群里每天做团购、看直播，客户乐于参与，店长店员们忙得不亦乐乎。

同一地段的同类型小店，面对完全相同的客户，做出了两种完全不同的结果，根源就在于商业模式和经营思路完全不一样。保健品行业曾经行之有效的会销玩法，已经越来越不适应这个时代了,必然面临着转型。

保健品行业的公司要转型,从自身来说,也是求生存的必由之路。我们从一个金牌销售的感悟说起。在江苏某市,有一位很优秀的销售顾问,他跟着公司在行业里深耕了十多年,手里有非常稳定的80多个客户。他不仅情商很高,服务很到位,而且非常勤奋,很有责任感,他也带出了一个优秀的团队,团队的小伙伴都跟客户建立了非常好的信任关系。他们的续单率很高,一直是兄弟团队里的佼佼者。然而,这两年他非常焦虑。因为老客户越来越少,业绩不增反降,压力日益加大。这些他们曾经花费心思建立起强信任关系的客户,年纪越来越大,每年都有客户三三两两地去世,而新客户转化越来越难。特别是现在的老人熟练于网购,乐于比价,对专业信息也了如指掌,根本不吃会销那一套。这个金牌销售不禁感慨道:"产品再好、营销再好、信任感再好,可谁又能让客户长命百岁呢?"他面临的问题并不是个例,事实上是全行业都面临的问题:消费者越来越理性,靠信息差、靠套路、靠忽悠已经完全行不通了。

保健品行业原来是怎么做营销转化的?开始阶段,先送礼品把人引进来,然后通过不断开会进行营销教育,最后通过深度服务进行产品销售和翻单转化。正如我们看到

小店经济：
社区小店凭什么持续获利与快速裂变

的，现在很多保健品公司还是这么做，线下快速开店，线上搞社群团购和私域直播。他们的基础逻辑还是这一套：前端开店，把数据收集起来；后端教育，进行保健品的转化。对于他们来说，开店是手段，转化是目的。这些店看起来也是蔬菜水果店，但每一个环节都是满满的套路，营销节奏快的一个月就搞完，慢的也不超过两三个月。实际上，这一套逻辑已经被玩坏了，很多消费者已经遇到过，或者说，很多我们现在能够接触到的消费者已经被套路过、被教育过了。

从社区小店在全国范围的实践情况来看，很多没有保健品行业经验的"小白"店长，干得反而比行业人士更好，根本原因就在于，他们的心态更纯粹，做法更简单、更专注，也更执着。干过保健品的老员工一般是干不成的，因为他的固有思维一定要转化，"收新—转化"的那条路已经走不通了。喜抱研究中心给他指一条新路——开小店，他还要回到老路上去。当然，问题的根源还在领导层面，上有所好，下必甚焉。领导在经营上没有耐心，员工就会很着急，一定要在短期内完成什么营业额，员工反复琢磨的就是快速开个大单。因此，我们要自上而下地从思想上重新梳理商业逻辑。我们进入社区，就是要做刚需高频的生意，把小店投资成本控制好。在正常的情况下，凭借一些

"刚需高频"的基础品类就可以把小店养活，还可以养活得很不错。我们把"刚需高频"的产品称为"生存产品"，一般是三大类：第一类是肉蛋，第二类是水果，第三类是蔬菜。

小店不是通过水果、蔬菜引流卖保健品的，而是水果、蔬菜原本就可以适当赚钱。这个不仅是理念问题，还是实践问题，一定要解决好。我们在思想上要做彻底改变，在商业模式上也要做彻底根本的转变。

其实，保健品并没有想象中那么赚钱。我们来算一算销售保健品的细账，且不说那些虚标价格、违纪违规的不法商人，就说认真做保健品的，产品力还不错的，毛利一般有40%~50%算不错了。这个看起来很高，其实把营销成本和深度服务的各项费用加上去，还要打个折，有20%~30%的毛利就算是很好了。在会销的逻辑里，引流用的鸡蛋、蔬菜，开会的伴手礼，家访带的水果，全都是送给客户的。为了最终保健品的成交，不仅前端送，后端也得送；不仅新客户签单要送，老客户续单还要送。事实上，他们做了很长的、很充分的铺垫，营销费用花了不少，前前后后送了不少东西，就为了一个不确定的结果。

大家要思考几个问题：原来送的那些东西，能不能卖钱？原来通过全程服务、深度服务建立信任关系的方式，

小店经济：
社区小店凭什么持续获利与快速裂变

是不是可以改一改？通过日常高频消费的方式，是否也能达到建立信任关系的目的？实践证明，这些都是可以的。小店经济模式就是要帮助大家完成这样的转变。社区小店通过刚需高频的日常生活消费维持运营，没有套路、没有攻击性，只有真诚，这样建立起来的信任关系，可能不如过度营销和深度服务那么快，但谁都不会抗拒、不会反感，反而更容易被接受，更加持久。

现在实际运营的社区小店，一般能做到月入8万~10万元，做到月入20万元、30万元的也大有人在，平均毛利水平在20%~30%，由于成本控制得很好，净利润其实是很可观的。两相比较，做保健品的综合毛利也就这个水平，差距没有大家想象的大。在刚需高频的基本消费中，肉蛋类生鲜的毛利是最高的，轻轻松松就可达到30%~40%，这类生鲜品类多、品质差异大，有些特色产品甚至不用打折也很受欢迎；水果的毛利也不错，有30%~40%，水果比较常见，竞争激烈，稍微打点儿折也可以挣钱；蔬菜的毛利是最低的，为10%~20%，我们建议蔬菜要做到少而精，做爆品。这三类产品又有角色定位：用蔬菜来引流，用水果做客情，用肉蛋类生鲜做利润。

2024年底，南京社区小店的群里发起普罗旺斯西红柿的团购，定价15元一箱3斤（5%左右的毛利），基本上算是平进平出，跟周边动辄 1 斤 8 元多、10 元多的价格相比，优势非常明显，直接成了爆品，6 家店平均每家店都能有 100 箱以上的销售量。最多的一家店，一次团购做了近 300 箱。因为没有任何损耗，整体的采购规模上去之后，利润空间还是不错的。而且，因为价格实惠，品质很好，不少客户在群里要求复购，是一个可持续的事情。2025 年 3 月，合肥的一家社区小店仅黄油老母鸡一个单品，一次就团购了 200 多只，单价 59 元一只，总金额 11800 元。社区小店集体采购合作有供应链优势，毛利水平在 20% 左右，为 2360 元。销售过程中没有任何损耗，客户拿到手时还很新鲜，很多客户体验之后，在群里纷纷主动反馈口味非常好，这种情况也可以持续做复购。

如果用产品思维看选品，要求的是每个产品都要确保有毛利，毛利高的积极性就高，毛利低的积极性就低，那么最终的结果是肉蛋、水果、蔬菜都看不上，做不下去。我们转型的目标是数据思维，要求大家结构化、体系化地看问题。数据思维，就是客户数据至关重要。客户之间的信任关系怎么评估？靠的是交易频次。我们要把所有交易都放到统一的收银结算系统上，让每个客户的每次交易都能够沉淀下来。客户每次到店，就是一次跟客户见面与交流的机会，能够有效增进信任。一段时间后通过数据就可

小店经济：
社区小店凭什么持续获利与快速裂变

以做出评估，客户的交易频次越高，客户的信任关系就越好。我们有家社区小店，有一个客户一天来两次，一个月能来60次，买不买东西随意，可以聊聊天。而全国那么多社区小店，一个月来30多次的客户比重非常之高，这群客户就是小店的高价值客户。社区小店通过蔬菜、水果、肉蛋这些基础消费的高频交易和互动行为，一定要让客户感受到信任与真诚，愿意长期留下来。从产品思维到数据思维，这个转型是非常具有挑战的。

蔬菜是人们日常生活的必需品，人们可以不用每天吃水果，但每天都必须吃蔬菜。出门买菜是居民日常生活中的重要内容，他们对蔬菜的价格非常熟悉，对价格波动也非常敏感。我们的社区小店并不是专门卖菜的店，既然用蔬菜来做引流，蔬菜的价格与周边菜场相比就要有绝对的竞争力，每天准备3~5款新鲜蔬菜，适当让一点儿利，东西最好、价格最优，让客户养成习惯，不用在购买时有纠结。

水果也是很多居民家庭必不可少的消费。水果是用来做客情的，小店里可以常备几种常见水果，如苹果、香蕉、橘子、梨等，平进平出，不挣钱也不亏钱，用于跟客户拉近关系。水果销售一定不要追求单次卖多少，而要追求良好的消费体验和回店复购。一些独特的应季水果，如草莓、车厘子、榴梿、阳光葡萄等,质优价廉,限量供应,可以适当做一点儿利润。

肉蛋类生鲜的涵盖范围就大多了。社区小店不定期做生鲜团购,可以做出利润来。既有居民生活必需品,如鸡蛋、鸭蛋、猪肉等,几乎每天都要吃,这部分也是平价销售,也有一些具有独特性的、地方特产的产品,如黄油老母鸡、黑猪肉、黄牛肉、大黄鱼、生蚝、大闸蟹等,这些产品客单价较高,通过寻找源头供应链,在确保品质新鲜的基础上能有一点儿毛利空间。很多肉蛋类生鲜产品都有独特的生长场景,能讲产品故事,能做直播溯源。一般做法也是先预订少量到店,做成熟食供客户品尝体验,客户觉得不错了再在群里下单购买。

这些做法不可能依靠理论推演,实际上是基于各地小店的实践经验总结提炼出来的。刚需高频的消费是指这些需求总是存在,而且复购率高。说远一点儿,无论什么地方、什么时代,总是有一批人卖蔬菜,有一批人卖水果,也有一批人卖生鲜,他们依靠勤劳打拼,日子也过得都不差。我们现在通过创新思维,对产品进行精选,用结构化和体系化的思维,把三样东西浓缩在一家小店里,是没有理由做不好的。

蔬菜、水果、肉蛋类生鲜这些产品对新鲜度的要求比

小店经济：
社区小店凭什么持续获利与快速裂变

较高，一般采用就近原则，都是依靠区域供应链来解决配送问题的。每个城市都有蔬菜、水果等生鲜的集中采购地和批发市场，凌晨两三点是这些市场最热闹的时候，需要有专人来寻找和对接供应链。在具体洽谈时，社区小店的规模优势、与客户的信任关系，以及未来可持续发展的形势都是很好的谈判条件。供应链采购不是一锤子买卖，只要货品好、价格优，是可以长期持续地合作下去的。现在，一般的经验是，从批发市场到店铺，如果自己运输，可能是30%的毛利；若委托货拉拉直接送货上门，可能是20%的毛利；如果在批发市场找到源头厂家，从源头厂家直接配送到店，一般可以拿到40%~50%的毛利。不同区域的社区小店按照不同的采购规模，可以选择合适的供应链模式。适度规模化是硬条件，采购量越大，价格越优惠。

很多人觉得做区域供应链很难，其实摸到门道了以后就很容易解决。江苏某市的吴总自2024年9月开业以来，无数个凌晨三四点钟起来去市场找供应链，已经把南京众彩市场摸了个门儿清。他曾经开着迈巴赫去菜市场，采购大白菜、苹果，还拍成了短视频，群里的客户都非常感动。后来为了配送货，他专门买了辆二手的五菱宏光，每天都忙得不可开交。浙江某市的黄总原来就有供应链资源，在开设小店之后，直接在原有货盘基础上精选了包括蔬菜、水果在内的数百个产品上架,开业活动3天,客户到店直接购买的金额就超过1.2万元。某沿海城市的李总,之前创业积累过供应链资源,现在可以直接嫁接过来用,他组建了一个专业且高效的供应链团队,有人专门做蔬菜,有人专门做家禽,有人专门做海鲜……在社区小店这种全新的商业模式之下,无论是重新组建供应链体系,还是把原有的供应链资源重新激活,效率都非常高。

在时间节奏上,从一些区域的小店实践来看,也可以按照客户需求变化在选品上有所规划。比如,一般家庭可能到周末要有个温馨的聚会,家里人坐在一起烧一顿饭吃,所以周六、周日生鲜类的需求比较旺盛,那我们周四、周五就要安排生鲜团购,如老母鸡、筒子骨、牛羊肉、大黄鱼……隔天取货,刚好可以满足家庭所需;周一、周二,大人上班、小孩上学、老人散步都比较辛苦,可以多做水果的团购,吃水果心情愉悦;周三需要适当过渡,可以做鸡蛋的团购;而蔬菜是天天都要吃的,每次团购都可以加上一款性价比高的蔬菜,每天都不重样。当然,这些做法都是可以根据所在地周边居民的实际需求随时调整和优化的。

从实践层面来看,社区小店的供应链还可以更开放一些,在运营中会发现很多有趣的、好玩的东西。有三个真

小店经济：
社区小店凭什么持续获利与快速裂变

实案例很能说明这一点：第一个案例，徐州市一家社区小店直接邀请了 8 位优质客户作为"选品志愿者"，全程参与门店选品。这 8 位上了年纪的叔叔阿姨一早就跑到当地的农产品市场，这里走走、那里看看，有的拿起山药跟对方砍价，有的拿起白菜认真挑选。这种参与感，不仅让选品供应的行为充满了温情，还因为他们本身就是客户，想要什么产品，用什么价格来决策，都非常具有代表性。第二个案例，合肥市一家社区小店里店员的妈妈做的包子非常好吃，老邻居吃过都说好，他就在社群里发了一段妈妈做包子的视频，并且发起了包子团购，据说销量还不错，同城的其他几个店长都联合起来，要把这位妈妈的包子在全城范围里进行推广。第三个案例，杭州市一家社区小店，一位客户刘阿姨擅长做饺子，就在清明节之前多做了一些艾饺，除了自己吃，还放在店里寄卖。店长用手机拍了刘阿姨制作艾饺过程的高清照片，并且配上简单的文字"真材实料，真手工制作"，在小店的社群里发布。尽管价格是同类产品的一倍，但不到两天时间，这些艾饺就被识货的邻居们抢购一空。据说刘阿姨非常开心，倒不是因为卖的那一点点钱，而是自己的劳动被认可。店长跟她策划，以后在端午节、重阳节、中秋节这样的时刻，都可以做一做具有中式风味的小点心，到时候不仅可以拍图片，还可以拍视频、做直播。

因为信任，所以简单。这种开放的姿态，这种共创共享的精神，是社区小店商业模式设计之初不曾预料到的，在实践中却能收到非常好的效果。在某种意义上，社区小店就是社区居民的一个生活消费平台，可以实现高效的供需对接：你有好东西可以放进来，你想买什么东西可以在这里快速得到解决。这是多么奇妙的一件事。

除区域重点解决的水果、蔬菜之外，仅以 V 厨体系为例，南京总部也构建了面向全国社区小店的超长供应链，会分阶段、分品类向各个城市的社区小店开放。当前，既有总部团队主持开办的中央直播间的每日直播节目，也有跨境选择的优质产品，还有专属的旅游服务，丰富多彩，任由选用。具体看有以下几大类：

一是"喜抱 e 店"。这是呈现给店长的各类产品窗口，经过一年多的实际运营，在某地的生鲜团购中成为爆品的产品，都会被放到喜抱 e 店上供其他地区的店长进行选择。近期沉淀的爆品还有小米面包、黄油老母鸡、十三香、红曲豆腐乳等几十种，这些产品都在不同的市场上被消费者认可过，直接用起来是成本最低的方式。

二是"每天上 V 厨"。每天早上 6 点开始的"每天上 V 厨"会为客户提供预包装食品、日用百货等品类，这也是

小店经济：
社区小店凭什么持续获利与快速裂变

为了增加客户的交易频次和到店频次。一般来说，新店开业需要先进行客户关系的日常维护，1~2个月之后再根据客户的信任程度分批次接入"每天上V厨"，并且根据客户的上线情况与购买情况进行实时调整。

三是"星光大道"。每天午间12点30分开始的"星光大道"可以跟靠谱的供应商合作，每天做不同主题的品牌专场。这部分直播内容提供的产品，更适合讲究生活品质、重视产品品牌、对价格容纳度高的客户。一般来说，这样的客户比较年轻，愿意接受新事物，每家门店的VIP客户可以优先接入。

四是"V厨海淘"。这是通过跨境电商专属渠道采买的国际品牌折扣专区，包括化妆品、香水、口红、包包等奢侈品，以及益生菌、钙片、鱼肝油等营养品。这些产品在海外市场已经被验证过，有口皆碑，跟天猫国际、京东国际等大平台上的产品可以相竞争。当前，这块内容是以V厨海淘线上商城的形式呈现的，未来也会进行不定期的专题直播。可以点对点推送给有认知水平、有购买能力、有真实需求的年轻客户。

五是会员旅游业务。总部有专业的旅游公司"我想去看看"，以及旅游小程序"虫儿飞"，可以提供不同时间段、不同区域的定制化旅游路线，以及提供产品溯源的特色旅游线路。比如，去中国硒都恩施的专线旅游，不仅可以尽情地游山玩水，还可以享受当地含硒的农副食品，如水、水果、蔬菜、大米等。旅游业务一般向有一定规模的区域开放，如在徐州已经开业一个多月的10家社区小店，向门店所属的数千人规模的商业社群进行旅游专线的直播推荐，收单效率很高，效果很好。

六是营养第四餐。这里专供膳食补充类营养品，如羊奶、羊初乳、牛奶、牛初乳、蜂胶、灵芝等，以及血糖血脂改善、骨健康、防癌抗癌等功能性系列营养品，这类产品原本就是南京总部过去20多年重点打造的主流保健品，其产品力与品牌力已经在其他市场得到验证。这部分产品就是被过度"污名化"的保健品。按照总部的严格要求，在一段时间（如3~6个月）之内，绝不主动向客户推荐。除非客户的信任关系已经达到了比较亲近的程度，以及客户清晰地表达了自己的真实需求之后，再由总部的专业健康顾问对接，给出专业性的建议和意见。从某种意义上看，这不是简单地卖产品给客户，而是首先提供专业的健康顾问服务，再给出合适的解决方案。

此外，南京总部的"冠羚大集"社区小店体系也有很丰富的优质产品系列，总部在拓店收新的过程中，会按照一定的节奏逐渐向各地的社区小店开放。而且，总部针对

小店经济:
社区小店凭什么持续获利与快速裂变

一些刚需品类开发了专属小程序:"定蛋蛋"专门做鸡蛋、鸭蛋、鹅蛋、鹌鹑蛋等蛋类产品的供应,"果篮旺"专门做各种应季水果的供应,"虫儿飞"主要提供长线特色旅游产品……未来还可能有酒类的小程序、茶叶类的小程序,这些小程序背后都是专业化的供应链体系,可以很方便地在好友以及社群中向目标客户精准转发推荐。总部在全国洽谈合作的品牌供应商,也会同步给到各个区域的小店,如烤肠机、豆浆机,又如潮汕牛肉丸、品牌酸菜鱼。只要产品跟小店的调性相符合,就可以在总部的组织下,陆续入驻到各个城市的社区小店。关于这些产品的摆放,品牌方都会有专人维护,摆放有租金、销售有分成,如果联合策划活动,还有经费补贴。这些灵活供应链,既可以丰富现有的产品体系,给客户带去新鲜感和实惠,也可以增加小店运营的收入。当前,随着小店的规模越来越大,会有越来越多的供应链品牌方主动上门求合作,未来可能还会演化出更多更新奇的玩法。

在社区小店体系之中,也有一套完全不同的爆品逻辑。在最初向客户推荐黄油老母鸡这个单品时,周边农贸市场都有老母鸡售卖,有更贵的,也有更便宜的,凭什么要卖这个价钱?第一步,V厨总部与供应链研究总结了几个卖点,如黄油、带蛋、黑爪、养殖500天等都是它非常明确的标签。在直播间向客户推荐的时候，可以围绕这些卖点进行阐述，直播间里并不会催单和逼单，买不买都没关系，只要客户愿意了解就行。第二步，更重要的操作是门店的品尝和体验，社区小店要在店里炖上一只，只要有客户进店，可以看见菜色，可以闻到味道，还可以品尝试吃，吃得好了，再去群里接龙购买。第三步，首批采买的客户一定要由店长跟踪到位，把客户的反馈及时带回来。如果反馈很好，就请客户把老母鸡的烹饪过程拍成短视频和照片，在群里进行分享和传播。这三步走完，产品力究竟如何，其实是由客户打分和评判的。一家小店的客户说好，才可以复制到其他小店；一个市场的客户说好，才可以复制到其他市场。当前，黄油老母鸡已经在南京、合肥、徐州、宁波、金华等多个市场得到客户的认可，也就自然而然地成为体系里的爆品，可以推动客户持续复购。这背后就依托彼此的信任关系，只要客户有需要，随时可以在群里下单，随时买得到。其他类似的爆品，如小米面包、酸菜鱼片、烤肉肠、水果牛奶等都是按照这几个步骤持续做出来的。成为体系里的爆品之后，压力就给到了供应商这一端。若不能始终如一地保证品质标准，不能全心全意地做好售后服务，一旦出现以次充好、货不对版，客户是有权投诉的。若有客户不满意且得不到妥善解决，这种负面影响会

小店经济：
社区小店凭什么持续获利与快速裂变

快速扩散到整个体系。社区小店体系作为选品官和推荐官，始终站在客户的立场上看问题，多卖一个产品少卖一个产品没有那么重要，多卖点儿钱少卖点儿钱也没有那么重要。社区小店做的是长期的生意，赚的是长期的钱，随着社区小店规模的扩大，客户群的扩大，这样的爆品每年的销量都在非常持续稳定地增长。一个颠扑不破的原则是，南京总部不会容忍任何伤害客户信任关系的事情发生。若供应链始终靠谱，可以彼此长期合作，共创共赢；若有供应链不合格，换掉并拉黑是不会有任何犹豫的。

所以说，只有产品类型足够多，产品种类足够丰富，才能被称为超长供应链。南京总部提供的各类好货，既可以由店长在小程序按需采购，也可以通过直播秒杀或社群团购的方式，让客户按需购买。客户下单的所有物品，都将由源头商家安排快递，分批送货到店，再由店长通知客户到店领取。由于每一个订单都要门店参与其中，要给客户做好取货核销或退款退货等服务，确保给客户提供良好的购物体验，因此，只要有客户从总部供应链购买产品，门店都能参与分润，按照不同产品的综合毛利水平，门店可以获得购物总额 8%～10% 的利润分成。

要丝滑接入总部直播间的超长供应链，一切的前提是客户对我们的信任关系。只有随着客户到店次数的增加、

第十五章 | 小店的选品逻辑

购买次数的增加,彼此的信任关系才会与日俱增,我们才有机会了解到不同客户真实的需求,才有机会有针对性地推荐不同类型的好物,客户才会有更好的购物体验。若与客户之间没有信任关系,不经过需求了解就进行盲目推荐,则很容易被视为打扰和冒犯,客户可以选择离开,如此一来反而是得不偿失了。

当然,总部也在做规划,信任程度达到标准的社区小店可以陆续接入。接入的方式,不仅可以由店长按需求精准地推送,也可以由总部出面进行活动策划,这也是名正言顺的品质认证。近期,V厨小店体系不仅要搞一场盛大的"厨艺大赛",让V厨客户参与和一显身手,还会把比赛过程持续输出的内容在私域社群和公域媒体上做二次、三次传播。另外,针对有真实需求的目标客户,在接入第四餐营养品之前,先把他们召集起来参加"供应商见面会"与"品牌商见面会",主要是让客户能够系统地了解一些涉及专业门槛的品类,用这种方式可以把前因后果都跟客户讲清楚,大家还能够充分互动,收到奇效。

客户信任关系的建立不是一蹴而就的,要通过每天的见面、每天的交易慢慢积累;但是客户信任关系的破坏只在一瞬间,一次极差的购物体验、一次感到被套路的购物体验,都有可能把曾经花了几个月甚至几年建立的客户信

小店经济：
社区小店凭什么持续获利与快速裂变

任关系破坏掉。客户可以退群、可以拉黑，坏的口碑还会在客户朋友之间发酵传播，且基本上没有机会修复。因此，我们要像呵护自己的眼睛一样去呵护难得的客户信任，这是社区小店最重要的"第一性原理"。千万不要一开始就想着依靠总部供应链去维系客户，或者通过供应链中的高毛利营养品去收割客户，这个思路是非常危险的。我们在前面反复强调，社区小店必须首先通过水果、蔬菜等刚需高频的日常消费生活用品的体系化打法实现盈利，哪怕是微利，才能有耐心和信心把客户的信任关系维系好，也才有机会依次接入总部供应链，在不增加任何成本的基础上实现销售业绩的倍增。

| 第十六章 |

小店的用人智慧

2024年6月,在南京紫金山附近的一个小区里,夏店长开设了一家冠羚大集的社区小店。这个偶然的举动,却开启了他全新的职业生涯。此前,夏店长是一个打工人,此后,他则变身为社区小店的店长,为小区的居民提供优质的服务。这是一个老旧小区,有电梯的小高层,小区一共有2000多户居民,夏店长一家也住在这个小区里。在偶然听到邵总鼓励大家开社区小店后,他抱着试试看的心态,在小区里找了一家小门面,就匆匆忙忙地干了起来。这是小区内部主干道上的一个商铺,50多平方米,年租金4.2万元。简单装修,摆上货架,小店就算是正式开业了。开业第一次搞活动,1元3斤土豆、0.1元一棵大白菜,在小区里受到居民的关注,客户进店、注册、建群之后,便开始进行社群团购。社群每天团购三样东西,货品新鲜、价格

小店经济：
社区小店凭什么持续获利与快速裂变

实惠且售后无忧，夏店长反复琢磨，要让社群活跃起来，一定要让客户能够占到便宜。最直接地，他在群里发红包，500人的群，每天发红包就能发出去几百元。虽然每次红包金额不大，但能够让客户有参与感，养成每天看群消息的习惯。当时的货品，像蔬菜、水果这些，都是夏店长自己去南京众彩批发市场采购的，而日用百货等货品是由公司统一配送到店。

慢慢地，因为价廉物美，夏店长服务也热情，小店的运营有了一些效果。很多客户路过的时候，都会进店聊聊天，打打掼蛋，喝喝茶。夏店长就陪着大家天南海北地聊，从国际时事到国内经济，各种话题都能聊起来，情绪价值拉满。小店每个月都搞一次促销，先后建起了5个客户群，短短半年左右，就差不多有1500名居民客户加群和认识了夏店长。这个时候，蔬菜、水果等生鲜的采购量大了，就有供应商主动上门求合作，夏店长找了一个靠谱的蔬菜供应商，每天预定1000元的新鲜蔬菜，不同种类的蔬菜搭配好，确保品质，确保新鲜；他又找了一个不错的水果供应商，按照时令季节推荐合适的水果，如春见耙耙柑、蓝莓、牛油果、洛川苹果、羊角蜜等，都是在群里团购下单，集中采买，客户隔日到店取货。每天下午3点是夏店长直播时间，他会坐在店里，用手机向1000多名社区居民客户讲讲羊奶知识、讲讲冠羚文化，推荐旅游、推荐营养品。很多时候，夏店长还会拉着用户一起直播，让用户来讲体验，讲感受。门店空间有限，但他每个星期都邀约客户到店参加会议，如福利会、茶话会、恳谈会等，根据不同的客户需求，设计不同的会议主题，还有插花、包饺子、打掼蛋、下棋等活动，鼓励客户之间相互交流。

这家小店开业至今不到一年时间，早已经实现了盈利。目前社群客户超过1500人，每天进店的有180~200人，到店消费的有120~150人，仅蔬菜、水果这些基础品类，每天就有5000~6000元的流水，按照20%左右的毛利水平估算，每天有1000~1200元的利润，这还不算特别的活动和促销。2024年底，小店搞了持续一个月的年货节采购拼团活动，每天流水都超过10000元，大部分百货生鲜的毛利水平更高一些。盈利稳定增长是一方面，更重要的还在于，夏店长已经在社区里打造出了"勤奋靠谱的年轻人"的个人形象，客户进店都是"小夏、小夏"地亲切称呼他，客户对他的这种信任，是可以带来长期价值的。实际上，夏店长在直播间推荐的旅游也很受欢迎，从短途的一日游开始，到如今5~6天的深度游，他一家小店的客户都能快速成团。夏店长一个月里会有半个月的时间外出带团，他的妻子也辞去了工作，专职投入门店的运营服务工作中来。

小店经济：
　　社区小店凭什么持续获利与快速裂变

　　其他，如益生菌、羊奶粉等营养品，也有很多客户感兴趣，不定期地随便卖一卖，就能创造出额外的利润。

　　从打工人到创业者，夏店长在短短几个月的时间里完成了漂亮的转身。邵总了解到他的故事之后，都不禁惊呼："未来一定是夏店长的时代。更多的社区小店，将会孕育出更多的夏店长。"

　　社区小店的运营，店长也是关键。我们强调人与人之间的信任关系，而店长是直接面向客户的角色，他的专业能力与服务态度，几乎决定着门店的成败。在不同的城市，不同的门店有着不同的运营状态。有的门店早上8点准时开门，到晚上5点准时关门；有的门店早上7点就开门了，晚上10点多灯还亮着。看起来，这是营业时间的差别，可能不同店长有着不同的习惯，实际上，背后有更深的一层原因：店长的角色定位问题。如果店长是打工心态，经营门店就是一份工作，朝九晚五肯定是常态，多一分钟都不愿意待着；如果店长是创业心态，经营门店就是一份事业，不要说朝九晚五，只要有需求，凌晨3点起床去蔬菜批发市场对接供应链，都不会有任何的怨言。打工人挣的是一份工资，门店经营的好坏，跟他不是强关联，从制度上、从管理上去做约定是无效的。比如，规定7点开门、10点关门没有任何意义，因为在正常工作的时候他也可以"摸鱼"，或者心不在焉漠不关心，或者对客户冷言冷语懒得应付。当客户受到这种对待时，何谈信任关系？只会立即转身离去。我们看到，真正有自驱力的店长，晚上 10 点还开着门，这时自然的人流量已经很少了，他可能还在等客户联系来拿货，可能还在联系明天的团购，可能在做直播，可能在算账……所有动作，并没有办法从管理层面去做制度化的规定，都靠自觉自愿。那么，自驱力从何而来呢？

小店的老板究竟是谁，这一条很关键。

社区小店的发展首先要有个投资人。这个投资人非常认可社区小店的商业模式，认可庄泰和喜抱网，认可 V 厨与冠羚的品牌形象，愿意自己掏钱投资，在自己居住和生活的城市去找店面开小店，并且承担小店经营的风险。因此，投资人是社区小店落地的第一推动力，是至关重要的角色。然而，我们需要强调的是，这个投资人不是我们印象中出资不出力的战略投资者，而更像是一个合作伙伴，也是布道者、赋能者。他的角色是既出资又出力，要像师傅带徒弟一样，把自己的所有理念和经验传授给店长合伙人。大家一开始可能是按照股份设计形成的角色分工，后来就是在数字化的平台上相互协作、共创共享的团队。在商业模式的设计上，我们需要体系化的思维，一家小店单打独斗是没有机会的，一定要在某个区域适度规模化，小

小店经济：
　　社区小店凭什么持续获利与快速裂变

店裂变就成为重要的一环。比如，2024年9月开始，南京一个多月开设了13家V厨小店，到年底已经突破20家；2025年2月，徐州8家店同时开业；2025年3月，合肥10家小店同期开业……这些市场短期内客户数量就达到了一定规模，对于社群运营、私域直播以及组建区域供应链是非常有好处的。因此，单店的投资成本一定要控制好，只有这样才能够更快实现盈利，再去裂变新店。当然，在投资人之外，还需要更多的店长和助理店长。投资人跟店长的关系，看起来是老板跟员工的雇佣关系，但根据小店的经营逻辑，一定要逐渐转变成合伙人的关系。

　　喜抱研究中心提倡"1人1店"，讲的是一家门店匹配一名店长，不需要组织管理，靠的是自驱力。因为店面比较小，货品也不多，店长主要的工作内容是客户服务与社群维护，诸多的业务线和丰富的产品线都是在数字化的体系里完成的。有的小店虽然也有店长，却不是我们定义的店长（大C），仅是以员工的身份在看店。他按照工作制度，在工作时间里完成工作任务，领一份工资，有的还有一些跟门店销售业绩相挂钩的月度奖金。一般情况下，这种店铺是很难存活下来的，或者，即便存活下来，也会过得很艰难。其背后的逻辑在于，若店长不是门店的第一负责人，而仅是一个打工者，他不会用心，也不会全力以赴地去经营客户关系。

有的小店匹配了一名店长和一名助理,两个人来搭配着做工作,这个助理其实就是小店裂变的时候,新店长的最佳人选。我们要反复强调,社区小店不是卖货的,是要做数据入口,要经营社区邻里的信任关系。店长的专业能力或职业经验固然重要,然而,最重要的是店长能够主动跟人打交道。店长的小店管理工作并不复杂,最核心的是做客户服务,要时时刻刻去了解客户的需求,研究客户的偏好。经过一段时间的积累,还要对客户群体进行分级分类贴标签。首先建立基础的信任关系、知道客户的需求和喜好,再根据客户所需,精准推荐合适的产品或服务。因此,店长还要有长期主义的理念,小店的客户关系会随着见面与交易频次的增加而越来越牢固,并随着时间的积累而让彼此更加信任。

什么情况下,店长才是第一负责人?一般分为以下几种情况。

第一种情况,门店的收入跟店长高度相关。店长到底能够参与到什么程度?这要具体问题具体分析,从不同城市的不同收入水平、店长的收入预期、店长承受风险的能力等方面综合考虑。我们一般建议,店长的收益与门店收入要有一定的关联,至少30%起,一直到100%。从责、

小店经济：
  社区小店凭什么持续获利与快速裂变

权、利相互匹配的角度来看，门店的利益首先要与店长高度相关，这样他相应的服务责任才能得到落实。理想的状况下，店长的收入来源于门店，而不是工资。在新店开业的前几个月，客户需要积累信任，可能门店收入没有那么好，半年之后，门店收入就会很稳定。随着口碑传播，客户增加，收入也会持续增加。为了让店长能够全身心地投入到客户关系运营上，有些地区采用的办法是，通过制度化的薪酬约定，对店长的风险进行隔离。早期发放一定量的基础工资，适当分享门店收益，后期待门店收入稳定之后，再转化为合作模式，直到店长分享到门店收入的大部分甚至全部。第二种情况，门店的股权跟店长高度相关。门店的收益大部分让渡，门店的股权逐步让渡。在门店运营过程中，在客群和收入基本稳定之后，根据店长的工作能力以及投资意愿，商量一个参股方式，店长可以出钱购买公司股份。这样就从公司股份的层面对店长的权益进行正式确认，有利于店长站在主人翁的角度确保小店的稳健经营与健康成长。第三种情况，门店股权全面让渡给店长。在股权超过50%之后，店长获得门店的所有权，从法律意义上就成为真正的第一责任人。有关门店一切决策都将由店长来定夺，有关门店的风险也将由店长来承担。这个时候，店长还可以培养助理店长，参与并推动店铺裂变。无论哪种情况，其根本的目标都是驱动店长成为社区小店的第一责任人，能主动经营客户关系。只有时时处处主动服务，才能真正为客户提供优质且全面的服务。

当门店全面移交给店长之后，投资人的身份角色发生了什么变化？第一，投资人是本地供应链的第一组织者。水果、蔬菜这些日常消费品类，不宜通过长途运输、异地调配，最佳的方案是到当地专业的批发市场去解决。单个小店面对的客户有限，单一货品的销量很有限，以有限的销量去对接供应链，很难获得品质与价格方面的比较优势。只有把同一城市或地区的社区小店集中起来，以更多的客群去跟供应链对接，才会有更大的价格优势，才能以更好的产品逐步在系统里沉淀下来。第二，投资人是社群IP的拥有者。小店会不断产生裂变，而商业社群里最重要的角色，除店长之外，就是投资人。甚至，店长仅面向本店的客户群体，而投资人是面向本区域若干门店的客户群体。在商业社群里适当打造投资人的个人IP，有益于增进客户信任关系。私域社群的个人IP不需要太高的颜值、太强的才艺，只要真实且真诚就足够了。从社群团购到私域直播，从地方直播间到中央直播间，在场景切换的过程当中，这种个人IP能够发挥非常重要的作用。第三，投资人是超长供应链的参与者。区域供应链组织的水果、蔬菜与中央直

小店经济：
社区小店凭什么持续获利与快速裂变

播间提供的百货这些生活日用消费品，其利润都要尽可能地分享给小店店长，一般来说，这部分收益已经能够覆盖门店经营成本且绰绰有余了。除此之外，投资人可以按照客户关系的信任程度，参与推进总部提供的其他业务线与当地小店的接入，参与组织策划系列活动，参与客户的精准分类，并从销售增量中分享部分收益。店长看到的是小店，投资人看到的却是大局，双方各有侧重，协作共赢。

江苏某市的吴总把2024年9月开业的8家小店全部转让给天天驻店辛勤工作的店长，经过半年多的经营，这些门店全部实现盈利，最多的一家店每月平均能有5万元的毛利，最少的也有1万多元。半年前，这些小店从选址到装修，从开业拓新到社群，都是吴总带着大家一点一点做起来的。一开始，店长们就是以基础工资加上小店营收分润的方式参与到日常经营工作中，持续的低价爆品策略，让小店的会员自然而然地产生了黏性，对小店产生了超乎寻常的信任感。小店的会员人数最多的超过1500人，最少的也有800人。门店日常经营的这些收益，吴总全部进行了协议让渡，吴总的股权全面退出，开店的投资款均由店长分批分次结清。自此以后，吴总自身也完成了彻底转型，不仅从一名店长转变成一个投资人，还从一个投资人转变成一个选品官和赋能者，这8家小店的运营权和所有权都

第十六章 | 小店的用人智慧

统一在门店店长的手上。而且,吴总做得更加彻底,他把南京地区的供应链也全部分享给店长,由他们自行协调、联系和组织对接,按需采购。吴总通过接入总部的其他业务线,对小店的经营进行有效赋能。他是这几个小店社群的关键先生,很多客户都是因为认可吴总的真诚与豁达,才积极参与社群活动的,吴总在社群客户中的威望无可替代,他不定期地出现在小店直播间,还保持了一呼百应的效果。吴总这种超然物外、彻底去中心化的做法,不仅为他赢得了来自店长和客户的敬佩与认可,赢得了来自庄泰高层的肯定与支持,也让他有时间和精力去拓展全新的市场,把成功经验全面复制过去。

浙江一个城市的林总恐怕从来没有想到过,短短半年多时间,自己会转变成今天这个样子:每天天不亮就出发去蔬果批发市场,为了几毛几分去跟蔬菜贩子讨价还价。创业十多年来,林总是很讲究形象管理的,在公开场合基本上是西装革履,在员工和客户面前始终保持饱满的创业热情与满满的正能量。林总开小店,是基于对庄泰和邵总的信任,当时心态很平稳,既然投资小、风险可控,不如试试看。一开始3家小店同时开张,一个月后又开了4家,他派驻了自己最信任的员工担任店长一职,并且委派了两名资深员工负责供应链采购。运转一段时间后发现,问题

小店经济：
社区小店凭什么持续获利与快速裂变

不大对，虽然员工们也都兢兢业业，从管理者的角度来看完全没问题，但是小店的经营总是缺少一口气，客户黏性上不来，社群活跃度起不来，林总成了最着急的一个。过去每个月做几百万元的生意，他都没这么焦虑过，现在一家小店每个月几千上万元的流水波动，却能时时影响着他的心绪。他想来想去，还是决定要到南京总部去学习理念，去标杆门店蹲守和学习经验，回来就着手对店长的薪资结构进行改革，让店长的薪资水平跟店铺运营收入高度相关。同时，他亲自抓供应链，自己去跑菜市场、水果市场，去跟商贩对接，讨价还价。在这些地方，西装革履明显不相称，他开始习惯休闲装，用T恤和运动鞋为自己的形象加分。在这一系列坚决的改革转型之下，该市几家小店的经营状况明显改观。如今林总的时间更多地花在供应链和社群直播上，也开始寻找新址拓店，这种体系化的打法，让团队各负其责、通力合作，非常有效。他未来3年的目标，是在全市开设100家小店，他作为这些小店的投资人和赋能者，可以玩转的事情太多了。

江苏某市的袁总在2025年初就完成了十店同开，盛况空前。从新店开张，他就把所有小店的店长都变成了合伙人，参与股份投资。所有店长都明确，这些小店就是自己的事业，干得越好，自己拿得越多。袁总自己则组建团

第十六章 | 小店的用人智慧

队为大家解决本地供应链问题，凭借 10 家店组合的规模化采购量，迅速跟当地供应链实现无缝对接，采购到品质最好、价格最优的货品，供门店选用。由于店长都是在为自己负责，不需要别人来监督和管理，他们就能把客户服务得很好，并且在小店的运营实践中，开创出了很多创新的思路和方法。比如，有店长主动邀请强信任关系的客户参与到门店的日常管理中，给产品销售、运营方法等提意见，及时给出消费反馈，效果非常好。又如，10 家小店共同发起感恩回馈的活动，以极具吸引力的价格组织起优质客户，参加城市周边一日游。基于对小店的信任，客户们扶老携幼，积极参与其中。旅游出发当日，8 辆旅游大巴车一字排开，浩浩荡荡，场面非常壮观。这些事情，如果只从一名打工者的角度出发，是绝无可能发生的。袁总以投资人的身份统筹全局，现在的任务就是组织更优质且更可持续的本地供应链，持续为小店客户提供质优价廉的好产品，并且也在积极布局，按照一定的节奏，准备持续开新店。

西部某市的李总，2024 年 10 月果断转型，开社区小店。开始时，店长就是员工，拿钱上班，到点下班，效果不尽如人意；后来按照总部的建议，他进行了店长合伙人制度的改革，把小店的股份大部分让渡给了店长们。此后，他在一段时间里陷入了迷茫，既然小店可以接入中央直播

小店经济：
　　社区小店凭什么持续获利与快速裂变

间，而店长也能够搞定日常工作，那自己的角色定位就是一个纯粹的投资人，坐等分红就可以了。几个月过去，问题就出现了。几家小店的店长一起到李总办公室提意见，大家互相吐槽，各怀心思，在供应链选品和营销活动上不能形成合力，甚至陷入相互扯皮的局面。大家要求李总不能当甩手掌柜，必须出来主持大局。李总也立即意识到了问题的严重性，单个小店经营困难生存不下去，负面的情绪很快会传染给其他小店。如果所有小店都出现经营困难的问题，那么客户数据就是完全空洞的流量数据，没有任何运营的价值，更不用说开新店做布局了。2025年初，李总下定决心，亲自抓供应链选品工作，每天凌晨三四点驱车到当地的农副产品集贸市场，为大家选品和议价。这种紧张的工作节奏他风雨无阻地持续了好几个月，终于实现了有规模效应的集中采购，小店的商品在周边又有了较强的竞争力，经营情况立即好转。

　　这是一个去中心化的商业模式，是一个开放的平台，是一个交流协作的平台。这就像通过数字化工具织就的一张可以无限扩张的能量交换网络，每名店长都可以在平台上找到属于自己的角色和位置。没有人为的规定，没有先来后到，也不需要对谁做出资历的认定。角色重要性最核心的依托，就是个人的能力，就是客户信任关系。最受客户认可和支持的那个人，就是这个平台上"最靓的仔"。

在一定条件下，投资人与店长的角色是可以相互转换的。投资人转换为店长重新开始的案例不多，也就是面对一个全新的市场时，需要从第一家小店开始亲力亲为。店长升级为投资人的路径，在商业模式的设计中是存在的。如果一名店长不仅自己能力强，还能带团队，那么他所在的小店就可以快速地在周边进行新店裂变，并且所有新店在股权或收益权的设计上，这个店长都可以参与，并获得分润。江南某市的王总，能力很强，经过调研学习，全面认可了小店的商业模式之后，先是自己开小店，经营个把月后，客户数据和经营收入都很不错，他快速发动身边的朋友亲戚都开店，短期内裂变出十几家新店，他不仅是自己小店的店长，也是这些新店的参股股东。他可以把这些小店协同组织起来，跟同一个城市的其他小店投资者聚合在一起，去进行供应链对接和选品采购。这个时候，他就有了双重身份，既是店长又是投资人。理论上，在庄泰提供的小数据中台上，秉承开放、透明、协作的理念，每名店长都有机会进行小店裂变，都可以参与到新店的投资中，这些新店又跟同一区域的其他小店一起在经营上形成规模化的合力。"聚是一团火，散是满天星"，小店的经营实践灵活多变，并没有千篇一律的规章制度。任意区域的小店

小店经济：
社区小店凭什么持续获利与快速裂变

创新出来的办法，只要行之有效，在总部的支持下，都将被沉淀成珍贵的实践经验，为其他区域的小店经营提供决策参考。

综合考量下来，对于毫无背景的普通人而言，这就是一次门槛最低、成功率最高的创业机会。改革开放40多年来，源于制度改革与技术创新的市场红利已经释放殆尽，各行各业都极度内卷，存量竞争比拼的就是"你死我活"。其中，依托线下门店进行投资创业，开个小店是很多普通人最容易想到的创业路子，却也是失败率最高的"赛道"，有无数的实践证明"此路不通"。喜抱研究中心总结的经验如下：

其一，流量型生意行不通了。当流量就是生意，没有流量就没有生意时，无论是开花店、咖啡店、蛋糕店，还是开婚纱店、宠物店、便利店，若产品没有特性，若技术没有门槛，就只能是流量依赖型的商业模式。有多少流量就有多少生意，想要成功就必须在行人流量集中的地方选址，如核心城市的核心商业街、具有品牌影响力的大型商场、交通枢纽的沿街商铺、游客集中的旅游打卡地，这些地段最明显的特征就在于租金门槛非常高，若不是资本充裕的精英或者资源丰富的大佬，普通人根本玩不起。其他非核心地段的商街、商铺，租金降下来，流量一样降下来。

商铺租金就是购买流量的费用,总之一句话:买不起流量,就做不成生意。

其二,单打独斗的创业模式没用了。如果门店所在的商街流量还可以,如何转化成进店流量,以及如何转化成购买力,就要依靠从品牌力、产品力,到管理能力与服务水平等一系列的指标比拼了。若这个门店完全是一个原创设计、原创品牌,那它在教育市场、教育消费者方面将花费巨大的时间成本和费用投入。而品牌连锁与品牌加盟店可以省去市场教育环节,直接通过品牌认知引导消费者进行快速决策。单打独斗的创业,精神固然可敬,结果却难以预料。我们更建议加入品牌连锁体系,加入流量集中的电商平台,或者融入数字化的创业生态。

其三,中大型零售店的传统模式也没用了。零售最早就是源于街坊市集,随着不同时代的创新,呈现不同的模式:当超市出现后,去百货商场的人就少了;当电子商务出现后,去线下商场的人就少了;当直播电商、拼单购买以及私域直播兴起时,电子商务又显得落后了。零售行业的进步,就是以一批人落后为代价的持续创新。小店经济所代表的是下一个时代的零售模型,它基于数字化创新的体系,融合了社区团购、私域运营与直播电商的优点,秉持开放透明、共创共享的基本理念,倡导长期可持续地为

小店经济：
　　社区小店凭什么持续获利与快速裂变

社区居民服务，在当今数字化的世界里，必将有一番大作为。

当互联网时代刚刚兴起"轻资产创业模式"时，在淘宝开网店最早的3~5年红利期，有很多普通人实现了创富，并且诞生了风靡一时的网商群体。然而，几年之后，在经历了新零售的浪潮，以及被直播电商、抖音电商分流之后，网商群体也遇到了流量稀缺的瓶颈，流量费用水涨船高，最终回归到"买流量做生意，没流量就没生意"的两难境地。当年的很多知名网商，或者转型回归线下，或者已经销声匿迹。总之，现在的创业之路，拼的不是勇气和冒险精神，而是核心技术、资金实力和资源能力，若普通人啥也没有就盲目学人家创业，成功的概率非常渺茫。

跟社区小店具有一定相似性的是品牌连锁便利店，其倒是足够下沉、足够亲民。他们面向的也是社区居民，提供的也是日常生活用品，他们分布在城市的各个角落，服务着3~5千米范围内的居民，在如此内卷的时代里，依然保持着旺盛的生命力。然而，这些连锁便利店加盟的门槛太高，也不是普通人能够参与的。

比如，7-11、罗森、全家等具有一定知名度的连锁品牌，其加盟是按照一个区域能开若干家门店来统一合作的。开一家店30万元起，同一区域要开设3家店、5家店或者

10家店，投资门槛瞬间被拉升到百万元以上。又如，本土化的美宜佳超市，算是门槛较低的一股清流了，加盟费根据门店所在的城市几万元到几十万元不等，加上店租、装修、商品集中采购，我们按照最保守的估计，没有20万～30万元，这个店根本做不起来。哪怕是正常开业之后，也要怀着足够的耐心去养店，面向不确定的未来，唯有硬着头皮坚持到底。

而社区小店投资更少，门槛更低，离客户更亲更近。因此，无论从什么角度来看，社区小店的创业模式都是领先的：进入门槛低，投资风险小，既有客户运营的理念和数字化体系的支撑，也有营销的创新思路与具体实操的经验方法。当前，全国5000多家社区小店都能正常营业，大部分拥有很好的盈利水平，拥有非常乐观的发展前景。要知道，这其中的参与者，全都是像你我一样，既没技术、没资金，又没资源、没背景的普通人。实践证明，只要志同道合、用心做事、真诚待人，就基本能成功。可以说，这是一条适合大多数普通人走向成功的创业短路径。

| 第十七章 |

小店的科技赋能

行文自此,我们终于可以对各地社区小店的实践做一个适当的总结,尽量去看清"小店经济"的全貌。我们定义的"小店经济"模式,是一种在数字化时代里依托社区小店而生长出来的商业模式与经济现象。狭义的小店经济,就是我们在前文阐述的社区小店的商业模式;广义的小店经济,则包含社区范围内所有小店类型的商业生态。

我们先看一看广义的"小店经济",它是指社区居民生活范围内存在的经济形态,包括社区零售、生活服务与餐饮服务三类。①社区零售类:包括社区便利店、超市、生鲜店等,为居民提供日常生活用品、食品等商品的销售服务。例如,7-11、罗森、全家等便利店,分布在各个社区周边,方便居民随时购买各类急需物品。这些小店绝大部分仍停留在传统模式之中。②生活服务类:涵盖理发店、美容店、洗衣店、宠物店、维修店等。比如，社区里的理发店为居民提供理发、美发服务，维修店可以帮助居民修理家电、家具等物品。③餐饮服务类：有餐厅、小吃店、咖啡馆、茶馆等，满足居民不同的饮食需求。例如，一些社区内的家常菜馆，为居民提供日常就餐服务；而咖啡馆、茶馆则为居民提供休闲聚会的场所。当然，围绕社区居民的生活需求，还有家政、物业、养老、医疗、教育等服务，这些大多是公共属性的服务，一般由官方组织来提供。

这些为社区居民提供商业服务的门店，除7-11、罗森、全家等品牌连锁店之外，大多仍停留在传统零售模式之中。"坐商"等客上门，"货架"等客选购，门店品牌形象不大规范，装修也不怎么讲究，老板要么是夫妻，要么是兄弟，基本上也仅此一家，别无分店。这些小店跟我们曾经研究的处于农业时代里的散点式零售模式仍有很大的相似性。有专家预测，2025年全国社区零售市场规模预计突破4.8万亿元，占社会消费品零售总额的18%。这种看起来很传统的零售模式，在工业化、城市化时代里，没有为商场、超市所取代；在互联网、信息化时代里，也没有为电商、直播所取代。为什么？因为小店做的是存量的生意，只能服务300米、500米或最多1千米范围内的小区居民，小店也为社区居民所选择、所信任、所依赖，久而久之，这些小

小店经济：
社区小店凭什么持续获利与快速裂变

店本身就已成为社区商业生活的一分子。

从供给端来看，社区小店是零售进入社区的"供给最末端"，一家小店就是一个家庭的生计。比如，一家社区蔬菜店的基本运作流程：夫妻二人把所有闲暇时间都用上，男主人凌晨三四点去蔬菜批发市场进货，当他开着小面包车把货拉回来已经是早上六七点了，到店里卸完货，女主人负责开门，把货品盘点好，等客户上门选购。一家小店有30多种菜品，叶子菜每天都有最新鲜的，上午8点到10点和下午4点到6点通常是居民上门选购的高峰时间段，夫妻俩都得待在店里，一个负责简单介绍，一个负责称重结算。其他时间，两个人轮流休息，到晚上七八点，差不多就关店回家了。第二天又要准备去进货选货，周而复始，全年无休。他们选品是没有规律的，只要菜品新鲜、价格合适，看见什么菜就拿什么菜，进货的量也不多，一筐半筐的，最好当天都能卖掉。在定价上也比较随意，综合考虑进货价、运输费、菜品损耗及利润空间，参考周边菜场的价格水平，做一个阶梯定价。第一天最新鲜，价格稍高一点儿；第二天、第三天就快速回调，蔬菜不好储存，只要有客户选购，不计成本出货的情况也有。一些实在卖不掉的菜品，自己带回家吃，如果吃不完，只能倒掉。大部分蔬菜店，只要老板不辞辛劳、诚信经营、用心做事，得到周边居民的认可与支持，是可以存活下来的。他们这样年复一年地为社区居民提供服务，靠的是"脸熟"，靠的是"复购"，可以赚一点儿散客的钱，也是辛苦钱，用以贴补家用。时间一长，运气好一点儿的、头脑灵活点儿的，跟就近的餐馆合作，为餐馆定时定量提供菜品，做一点儿批发的生意。小区的水果店、便利店、小吃店，与小区蔬菜店虽然在商品选择、服务方式上略有不同，在运作模式上却高度相似。

从需求端来看，社区小店是居民日常消费场景的"需求最前端"，消费者离门店足够近、足够方便，在产品相似、价格相似的条件下，就近原则是影响消费决策的最大因素。民以食为天，居民日常的家庭生活里，买菜做饭是一个常规动作。每天早上下楼去小区里逛逛，去菜市场逛逛，既能锻炼身体，也能顺便看看有什么蔬菜。出门之前，一般没有确定目标，到了蔬菜店，看到合心意的，顺手就买了，要的就是新鲜和实惠。买完蔬菜看看水果，买完水果看看肉蛋类生鲜，人们的口味多样化，并不会连续三天吃同一种菜品或者连续三天吃同一种水果，总喜欢换着吃，吃个新鲜。人们对于蔬菜水果的价格是很清楚的，什么品质、什么价格基本上不需要特别介绍，对于价格波动也是比较敏感的。很多人会为了一斤便宜几毛的蔬菜，花费更

小店经济：
社区小店凭什么持续获利与快速裂变

多时间走路三五千米去购买，并且也乐于分享。在消费决策中，"价廉且物美"一般是商家的营销广告，大家都知道并理解，每个商家都是要挣钱的，"优质平价"与"平质低价"，是容易被接受和被认可的方式，容易形成复购。人们对日常高频消费品的购买也有一定依赖性，一旦认定某家小店或某款商品不错，就不愿意花费更多的时间与精力去比价和选择。近些年，商家的营销套路也都渗透进社区小店，不过，这些玩套路的小店一旦被识别出，大家很快就会为小店打上"不靠谱"的标签，意味着这些小店很难再维持下去。因此，只要是能长期开下来的小店，就是被社区居民反复筛选过的，在产品和服务方面都不会太差。

再者，小店之所以"小"，既是由社区物理空间所决定的，也是社区商业的潜力范围使然。社区内部的商铺大部分是小商铺，极个别的大型商铺一般也被用作公共服务。而社区居民的消费总额跟一定范围内的社区家庭户数相关，小店能够争取到的商业份额是有天花板的。既然收入有上限，那只能从控制成本方面下功夫，因此从商业逻辑上看，小店的生存能力比大店更高。我们近年来所看到的一种不容忽视的现象是，来自平台和资本的商业竞争正在渗透和打破社区经济的平衡。比如，电商平台的一些闪送仓、前置仓，可以手机下单送货上门，在一些日用消费品类上逐渐取代社区小店的功能，小店经济在社区商业生态中的自然生长，也越来越面临严峻的挑战。

综上所述，"小店经济"是社区经济不可分割的一部分，也是市场化程度和竞争激烈程度最高的一部分，其最大特点是做社区居民的存量生意，积累消费者的信任关系。如今，每个小区都有的各种类型小店组成的商业生态，是社区居民在长期消费决策中自然选择的综合结果，哪怕没有品牌、选品不规范、定价随意，只要有消费者信任，就能存活下来。

进一步地，我们回归到本书中所定义的"小店经济"，这实际是在社区小店自然生长的基础上，进行了数字化和体系化的改造与创新。数字化的改造，让小店的运作规范化、标准化，沉淀客户关系，从而获得更高的效率；体系化的改造，让小店的运营不再是单打独斗，而是融入一个全国性的商业生态，从选品到营销，从组织到裂变，做到有思路、有步骤、有方法，可以相互借鉴，得到体系化的赋能。一句话，我们用最新的零售创新理念，去改造依然传统的社区零售模式，在城市商业中形成规模，在全国范围内形成体系。当然，体系化的构建，也是源于数字技术的推动和支撑。社区小店的数字化和体系化的全面改造，包括数字工具、数字营销和数据思维三个方面，具体如下：

小店经济：
社区小店凭什么持续获利与快速裂变

在数字工具中，最重要的就是微信和App。微信几乎是每部智能手机都标配的社交软件，其活跃客户超过10亿，人们日常最重要的社交关系都沉淀在微信中。对于小店店长来说，充分利用微信，是构建私域最重要的工作。把每一个进店客户的关系都沉淀在微信中，并把客户按照需求偏好进行分类建群，其目的是对客户关系进行数字化重构，经过一定时间的沉淀，客户关系的信任度就可以从数据中分析出来。App是开放给经销商、投资人和小店店长（大C）的，其实是对小店店长进行全方位赋能，店长可以通过App获得选品、营销、组织等方面的支持，快速提高管理效能。不同小店之间、不同地区之间，也可以依托App，常态化地进行交流和学习，共同进步。不同角色的大C，都可以在App上找到与自己相关的产品数据、客户数据、门店数据和交易数据，真正让数据决策指导商业实践。

数字营销的打法就丰富多了。一是商业社群，进行商品团购；二是引导进入直播间，参与货品秒杀；三是基于微信开发的各类小程序，可以很方便地精准推送给客户；四是可以不定期有针对性地开展消费者调研，及时得到消费反馈；五是客户数据、产品数据、门店数据、直播数据、交易数据都集中在小数据中台，经过一段时间的沉淀，成为科学决策的依据。客户的信任关系可以沉淀，可以量化分析，基于客户数据的营销决策，让一专多卖、多店联盟等创新模式成为现实。当前最受欢迎的模式是直播，因此，从中央直播间、地方直播间到门店直播间，小店总能够很精准地满足客户的日常消费需求。

数据思维是更高层面的认知，是一整套体系化的思维。大部分商业竞争仍停留在产品思维的层面，比谁的价格低、谁的产品好。当我们有了体系化的思维后，我们竞争的就是客户的信任关系。为了获取客户，为了构建私域，我们甚至可以完全彻底地舍弃某个品类的所有利润，持续用优质平价或平质低价的策略去参与竞争。而且，从商业逻辑上看，这种极致性价比的竞争方式，随时可以用在每一个品类中。可以说，拥有了数据思维，对传统模式就是一种降维打击。

比如，某家小店全新开张，为了获得客户数据，可以在3个月、6个月甚至更长的时间内完全放弃蔬菜、水果的利润，只要能够建立客户信任度就行，前端还有生鲜、百货，后端还有旅游、营养品，因此，这种竞争会非常从容。不过，这样一来，小店周边那些仍在运用传统模式的蔬菜店、水果店就麻烦了，他们仅靠蔬菜、水果这样的单一品类挣钱，若完全放弃利润，他们就没有存在的意义了。当然，他们最好的选择不是坐以待毙，而是积极拥抱变化，

小店经济：
　　社区小店凭什么持续获利与快速裂变

进行数字化改造，融入这样一个开放透明的生态中。

通过数字化时代的社区小店商业模式，对传统社区小店经济进行改造和创新，就构成了我们定义的小店经济的未来图景：

它资金投入少、创业风险低，适合满怀热情的普通人起步创业，一家小店承载了一家人的生计，让每一个社区的小店存活下来并生长起来，无论怎么强调都不为过……

它传承了社区商业生活中强信任关系的交易逻辑，并以数字化的方式沉淀下来，坚守长期主义，与人为善……

它接入了数字工具和数字营销而极大地提升了效率，能够为社区客户提供精准服务，居民无论想要什么东西，都可以在这个小店里买到……

特别是它拥有了数据思维，具备了难以匹敌的生存能力、组织能力和裂变能力，当这种小店成规模、成体系出现之时，必将在中国零售发展史上写下浓墨重彩的篇章。

| 尾 声 |

我们正在定义"新零售"

文 / 周宏明

科技的发展不仅会影响外部商业世界,也会影响我们的日常消费生活。从40年前的互联网浪潮,到20年前开始的移动互联网变革,再到今天仍在持续的数字化时代,科学技术推动工业、农业和社会领域的创新与变革从未停止,科技进步,也在时时刻刻改变着我们的商业世界和消费者。于是,数字化时代的零售方式进化出一种全新的形态,人们已经通过实践创造并验证了一种可能性,也就是我们常说的DTC(直面消费者),这是一种全新的商业模式。这里的C是小c,是终端消费者(customer),通过数字技术,厂家(生产商或品牌商)可以直接面对消费者。

小店经济：
社区小店凭什么持续获利与快速裂变

直面消费者（DTC）

在传统的零售思维里，厂家先把产品做好，投放和分发给渠道方（平台或零售商），放在货架上供消费者选择。在消费者购买之前，厂商的所有动作都是"供给侧"，基本上跟消费者是没有关系的。而供给侧的优化，也是向持续降低成本和提升效率两个方向发力，导致一个明显的结果是持续内卷，卷产品、卷价格、卷服务。而DTC的商业模式，让人们有机会从"需求侧"出发，从客户信任关系出发，进入另一个全新的数字化零售思维里。具体可以分为三个层面：

其一，直面消费者的目的，不是驱动消费，而是建立信任。其实，DTC作为营销理论在2002年前后就被提出，主要是从营销角度采用多种方式去触达消费者，后来被演化成商业模式，绕开主流电商平台的控制，自建渠道的所谓"互联网直销品牌"。DTC品牌不与中间商合作，独立完成设计、生产、营销、销售、售后的整个流程，并不符合专业化分工和规模化生产的要求，昙花一现之后也逐渐归于沉寂。我们在这里强调的是直面消费者的理念，所有零售参与方，都应该也必须通过数字化工具和方法论，重构消费者关系，获得客户的信任。因此，触达客户的方式有千千万万，目的却只有一个，那就是建立信任关系、维护信任关系。我们始终要以客户的信任关系来丈量每一项零售创新的动作，究竟是有利于客户信任，还是会伤害客户信任。

其二，直面消费者的逻辑是，从"需求侧"出发，以用户数据驱动决策。近10年来，我们不仅在"供给侧"持续降本增效，在营销上精细化运营，想方设法把流量转化成存量，而且数字化技术和数据智能都极大地促进了"需求侧"的消费崛起与客户增长。从存量到增量，这个变化是已经被看见的。消费者通过数据连接在一起，消费需求变化都可以被量化、被分析、被精准识别，这时候，我们能够通过客户数据精准地把握消费者需求的实时变化，就可以从需求出发，重组整个零售流程。客户需要什么，我们就去找什么，工厂就去生产什么，以需求拉动消费。于是，零售的逻辑就转化为卖什么、卖多少、怎么卖、以什么价格卖，都将围绕客户需求、围绕客户数据来做决策。这是一种完全不同于"货架思维"的零售模式。

其三，直面消费者的模式是真正以客户为中心的零售模式。那些头部的电商平台已经积累了规模庞大的客户行为数据，经过大数据分析和客户画像，也是一种"直面消费者"，可以精准预测客户需求，实现精准营销。然而，这种方式是平台型公司的流量玩法，需要耗费大量的人力物

小店经济：
社区小店凭什么持续获利与快速裂变

力，用数字化去博概率，用智能算法推荐商品"猜你喜欢"。每一个消费者在平台上都被物化为一个流量数据，群体性偏好和行为才更有研究价值，个体的真实需求并不被重视和关注。而我们所主张的直面消费者，是在真实的人与人之间进行面对面的交流，这时候，每个消费偏好、情绪变化和服务诉求都能得到关注，并给予及时反馈。当你真正以客户为中心的时候，好的消费体验驱动客户进行口碑分享，信任关系的增进让客户老带新，实现从存量到增量的自然转化。

这样一来，基于数字化技术，传统零售的商业模式真正迭代到了直面消费者、以客户为中心的零售模式，这才是真正意义上的新零售。过去人们一直认为，有数字化工具的应用、有线上与线下相互融合的零售是新零售，殊不知，所有人基于零售"供给侧"的数字化创新，都是在成本、效率、体验的维度上精进，也在客观上造成了如今普遍的内卷现象。唯有基于零售"需求侧"的模式创新，以数据为纽带，以人（消费者）为中心，才能从根本上重构"人、货、场"，演化出真正的新零售。

众所周知，人、货、场是零售的基本要素。互联网技术进步的结果是，中国的零售行业在商业实践中围绕着"货"与"场"的消费体验进行迭代升级，在效率提升与成本控制方面，已经做得几乎完美。如今，正如我们所预判的，零售继续迭代升级，如果围绕"人"来开展，直面消费者的模式就应运而生。这时候，客户的身份和角色开始有了区别，"人"分成了"大C"与"小c"。小c指的就是普通消费者，而大C依然是消费者，只不过是建立了较高信任关系、发挥了较大作用的消费者，他不仅自己消费，还帮忙推荐和销售，也就是我们定义的"自零售人"。在商业社会中，大C是直接面对小c的那群人，可以是公司的门店店长、销售顾问、销售员，也可以是群主、团长、意见领袖以及超级客户。大C就是信任的桥梁，他与小c之间建立的强信任关系，将在新零售的商业模式中发挥至关重要的作用。

谁离客户更近

在数字化时代，商业竞争的核心将不再是降本增效、及时响应，不再是产品力、品牌力，而是上升到一个更高的维度，围绕着客户信任关系展开。当然，这个时候，降本增效、产品力与品牌力依然重要，这些都是获取客户信任和维系这种信任关系的基础。

我们几乎可以预见，做零售必须从产品思维转变为用

小店经济：
社区小店凭什么持续获利与快速裂变

户思维。产品思维是工业化的逻辑，比拼的是效率与成本；用户思维是数字化的逻辑，竞争的是客户信任关系。于是，竞争的逻辑很快就演化为谁离客户更近，谁就能先获得客户的关注与信任。谁能拥有更接近客户的思维、理念、方法和工具，谁就拥有更强的生命力。从场的逻辑上看，在线上是App，在线下就是社区。品牌自建App，是DTC的常规动作和关键步骤，只是很多品牌在创建了品牌App之后，没有运营思路和方法，导致效果乏善可陈。如何运用更好的思路去拓展和优化这些品牌App，我们将在另外的场合去详细阐述。在这里，我们重点谈谈线下的社区，以及延伸出来的社区小店与小店经济。

我们知道，社区是社会基层治理的最小单元。社区是居民居住、生活和消费的场所，一个社区就是一个小型经济体。几乎所有居民小区都布满了各种类型的小店，如便利店、水果店、蔬菜店、宠物店、理发店等，全方位满足居民的日常消费需求。中国的居民小区是全世界最密集的，蕴藏着巨大的市场机会。有数据显示，我国65%以上的人口生活在城市，居民主要生活在社区，到2035年，这一比例将达到70%。也就是说，现在已经有9亿多人生活在社区，未来将会达到10亿人。按照人均一年1万元的日常消费来保守估算，这就是一个9万亿~10万亿元级别的市场。

尾 声 | 我们正在定义"新零售"

我们大胆地预测一下，社区经济的确定性和总体量一定会超过其他零售经济形态（如电商、超市、商场等）的总和。

零售要直面消费者，一定要关注社区经济。社区经济，不仅自身蕴藏着巨大的能量，也是绝大部分消费需求的发起原点。社区小店，从供给侧角度是零售嵌入社区的最末端，从需求侧角度是消费需求从社区发起的最前端。现在社区经济的参与者，大部分仍是传统模式下的零售门店，这些门店采用等客上门、货架销售的方式，之所以在电商、直播的各种内卷比价之下仍有一些生存空间，就是因为它们距离客户足够亲近。很多门店的老板十几年如一日，已经跟社区居民结下了深厚的友谊。这个时候，即使没有数字化的能力和体系，这些小店也仍然可以活得不错。

开设社区小店，一个最具说服力的理由，就是零售的触角已经下沉到最基层，再也没有比这个距离客户更近的了。社区小店做在地服务，就形成了一个无限靠近客户的线下的"场"。接下来的问题就在于，怎么经营这个小店，以及由谁来经营。在我们的理想框架里，这看起来也是一个平平无奇的小店，经过数字化改造和赋能之后，具有向线上拓展和延伸的能力，于是，小店的地段是否临街、物理空间大小、装修是否豪华、货架是否丰富都不再重要。重要的是什么呢？是经营小店的人，店长或店员，即我们

小店经济：
社区小店凭什么持续获利与快速裂变

说的大 C。他们面对面地为每一位消费者提供服务，一点点建立和积累信任关系。如果说小店经济能够有完全不同于传统零售的体系化的运作和打法，这就是基础和原点。

信任的建立，不是一夜之间靠营销就能做出来的，而是需要长期的积累。可以作为参考的案例是日本的小店经济。去过日本的朋友一定清楚，在东京主城区之外的几乎所有城市，随处可见各种特色的小店，大型商场超市反而比较少见，线上购物平台也不如中国发达，这些数量庞大的小店在很大程度上承担了广大居民的日常消费。这些小店没有流量爆款，也不追求快速扩张，而是凭借长期的积累，在一个专业领域深耕，把产品和服务做到极致，吸引客户口口相传、主动前来。一店传三代的故事，在日本并不少见。日本东京有一家礼品店，我常常会带朋友去光顾，上次我去店里看了看，却没有购买，店员就追出来向我鞠了一躬表示歉意。他的意思是："没有买到你想要的，浪费你的时间了。"这种极致的服务体验，是很打动人心的。

从存量中做增量

在线上流量红利日渐消失的时候，很多人开始关注线下流量。开设社区小店，是挖掘社区线下流量的最佳方式，

尾 声 | 我们正在定义"新零售"

小店也是线下流量的数据入口,是私域运营的重要模式。"私域"的"私",指的是"私有",大C与小c建立的信任关系,是具有一定排他性的;"私域"的"域",在这里就是社区小店,就是线下的社交场域。在很多号称"私域"的零售模式里,或者没有"私",或者没有"域",都不可以被称为真正的"私域"。

这种开在社区内部的小店,采用"线上下单+到店取货+售后无忧"的模式,消费者线上购物的"最后一公里"从此有了相对完美的解决方案。为什么不建议送货上门呢?一是送货上门会增加很多人工投入,成本必然上去,效率未必提升,体验也未必更好。再者,如果送货上门的是快递员,他只是出于工作职责,不会对拉近客户关系有任何帮助。二是现代人非常注重隐私,家庭是完全私有空间,不方便对外人开放,这也是现在快递驿站越来越多的原因。三是小店位于小区内部,对于客户来说是步行范围内的合理距离,又提供了一个与客户随时见面和交流的社交空间。此外,从商业实践的情况来看,社区小店对于快速建立店长大C与陌生客户的信任关系也是很有效果的。毕竟,门店开在这里,大C和小c天天都看得见,无论售前售后有任何问题,都能随时找到责任人,这跟很多纯线上的所谓私域社群相比,更值得信任。

小店经济：
社区小店凭什么持续获利与快速裂变

按照用户关系的理论设想，一家小店能够深耕社区，服务周边 1 千米范围内的居民，获得 300~500 个长期有效的客户数据，就已经足够了。通过社区小店获取的客户数据，就是互联网上大家求之不得的存量。客户就居住在小区这个物理空间里，无论是买的房子还是租的房子，人一旦居有定所，就不会轻易离开。基于社区小店建立的信任关系才有机会深度运营，并通过商业交易持续保持下去，而且很容易进行商业变现。因此，这种存量数据的价值是非常高的，相对来说，获取这些数据的成本又是可控的和可承受的。于是，一些资本平台也关注到这一点，并且做了诸多尝试，但有体系化打法又有效果的并不多。若有的小店在开业初期，只收获了比较少的存量数据，除要保持长期主义的心态之外，如何在此基础上做增量呢？我们这里提供三种思路：

其一，专业化入口，多元化服务，实现"一专多卖"。社区小店都有各种专业类型，水果店以水果专卖为特色，便利店则提供琳琅满目的商品，宠物店围绕着养宠物家庭的消费需求展开，提供宠物食品、用品及服务，其他的文具店、理发店、卤煮店、小吃店也都各具特色，在商品的品类上有专业化的定位。专业定位方便消费者进行标签化选择，与自身的需求快速地匹配起来。因此，社区小店需要专业定位，这是消费者的需求所匹配的第一入口。常理上说，一个人不会跑到水果店去买菜。在什么情况下，水果店不仅可以卖水果，也可以卖菜？水果店老板被客户足够信任，他的推荐能够影响客户的购买决策，就可以进行多元化服务，此时的水果店不仅可以卖水果，还可以卖蔬菜、卖海鲜。当客户对大C的信任关系达到一定程度时，小店看起来是水果店，其实什么都可以卖，这就是"一专多卖"。

其二，做客户口碑，做体验分享，实现"老带新"，实现"小c裂变"。每一个人拥有的、与自己有私人关系的朋友数量大致是150人，这就是著名的"邓巴数字"。这就是说，如果赢得了一个人的好感，就意味着赢得了150个人的好感；如果得罪了一个人，也就意味着得罪了150个人。从某种意义上看，社区小店并不是简单地做个小生意，而是做客户口碑、做消费体验和客户服务。围绕高频的、刚需的日常消费商品，进行营销策划，驱动客户进行体验式分享，能够快速把小店的口碑立起来。经过一段时间的运营，就可以发现和培养出一批对门店、对大C具有高度认同感的超级客户，老客户带新客户，小c成长为大C，大C带领更多的小c，这就是"老带新"。

其三，一生二，二生三，实现"小店裂变"。小店深耕社区生活，服务社区居民，其承载能力也是有上限的。随

小店经济：
社区小店凭什么持续获利与快速裂变

着小店的客户越来越多，数据量越来越大，对于那些距离小店超过 3 千米的客户要进行精细化的研究和分析，在客户有聚集趋势的位置开设新店，为他们提供近距离的贴心服务，小店裂变就自然而然地完成了。在理想的状况下，新店的开设，是老店客户规模越来越大的结果，选址、时机、定位等要素，都应该围绕着客户的需求来开展。而新店的店长（大C），也基本上是从老店中学习和培养而来的。在商业实践中，先有客户数据再进行门店选址和服务匹配的难度系数是比较大的，也不排除采用大家熟悉的一些常规打法。比如，先对目标小区的居民流量及市场潜力进行经验性研判，从而快速推进小店选址和落地，对线下流量进行提前布局截流，再根据客户的实际情况进行微调。

我们之所以有机会对社区小店进行扩充和延展，从流量中寻求增量，根源就在于数字化重构了客户的信任关系。"V厨"是喜抱网全新开发的社区小店品牌，厨房便利店的定位让它在品类范围中可以快速多元化，米面粮油、蔬菜瓜果、油盐酱醋都是与厨房生活高度关联的品类，客户对于V厨很容易理解并信任；"冠羚大集"是冠羚羊行的社区小店品牌，能快速地在客户心中建立起专业化形象，客户在冠羚大集团购生鲜蔬果、生活用品等，享受到的是冠羚羊行给予的福利，有利于持续增加对品牌的信任。当前，

尾 声 | 我们正在定义"新零售"

这两个社区小店业务系统都在快速发展和落地，它们从实践层面不断地验证，以数据为纽带、以客户（小c）为中心的新零售方式，是具有很强的生命力的。

小强精神与缝隙市场

在数字化时代，商业竞争的逻辑也发生了变化，不再是大与小的区别，而是强与弱的比拼。社区小店虽然看起来很小，但它仅是前端的即时服务的数据入口，中端有数字化的运营赋能体系，后端有超长供应链支持体系，生命力非常强大。特别是开小店，因为成本很低、风险可控，可以快速持续裂变，在有一定规模和数量之后，形成的合力超乎想象。

社区小店是商业世界的"小强"，很容易让人联想到生物世界里的"小强"。人们把蟑螂称为"小强"是有道理的。蟑螂是地球上最古老的昆虫之一，其历史可以追溯到约3.5亿年前的石炭纪，甚至更早。与蟑螂同时代的恐龙（当时地球上的统治者）早已经灭绝，它们却靠着顽强的生命力和适应能力延续繁衍至今。美国电影《机器人总动员》里有一个片段令人印象深刻，几百年之后，当地球上的恶劣环境已经不适合人类生存，甚至不适合生物生存的时候，清扫型机器人瓦力的唯一动物伙伴就是一只"小强"。

小店经济：
社区小店凭什么持续获利与快速裂变

社区小店的一个基本原则就是做小做强，店长是门店的第一负责人，以创业的心态去做好客户服务的工作，要深耕区域，耐得住寂寞，要秉持长期主义，学习"小强精神"。"小强精神"是指创业者要像蟑螂一样具备顽强的生存能力，具体地看有三条：一是打不死。不畏艰险，不怕受委屈。越危险的时候越要冷静，找原因，想方法，拥抱变化。二是善伪装。耐得住寂寞，咽得下委屈。越落魄的时候越不要面子，留一口气，坚强活下来。三是生生不息。自我完善，自我进步。越成功的时候越要进化，财富共生，价值共享。可以毫不夸张地说，面对复杂的社会环境和看不见的竞争对手，"小强精神"是每一位创业者必须具备的生存技能。

如今，零售行业持续进化，无论是平台还是商家，都在全面拥抱数字化转型，物联网、大数据、人工智能等技术已经得到普遍运用，为消费者提供前所未有的购物体验。随着流量红利逐渐消失，零售行业的跑马圈地早已经完成，大型品牌商超与头部电商平台已然抢占了线下线上的流量优势与品牌优势，各路资本和创新的力量仍在蓄势待发，几乎不存在任何空白市场。然而，在一些大平台、大资本无暇顾及的边缘地带，依然存在一些商业机会。比如，在社区经济的大市场里，社区小店没有那么高大上，仅是学习"小强"的面貌和生存方式，在被大家忽略的缝隙市场中求生存。

尾 声 | 我们正在定义"新零售"

缝隙市场有两个基本特点：一是单个市场的发展空间极为有限。比如，社区小店面临的很可能就只有以某个小区内部的三五百名居民的消费能力作为支撑，这些消费还面临着大型商超和头部电商的分流，数据量有限，有很明显的天花板。数年前，社区团购也曾经风风火火，各路资本追捧而来，结果很快折戟沉沙。硕果仅存的"多多买菜"与"美团优选"，在商业上也难言成功，仍在积极寻求模式创新与突破。二是在地服务的要求和标准是比较高的。在实际操作的层面，从新店拓客到直播留客、从建立关系到增进信任，每一个环节都有诸多细节需要落地，店长如果没有深耕区域和微利主义的心态，在成本和收益上是很难平衡的。因此，这样基于社区经济里的缝隙市场，在某种意义上其实并不被大家看好。如果不是"小强"门店，恐怕也很难在缝隙市场中生存下来。

因为社区小店能够连接的客户数量有限，其服务能力和服务半径本来就小，再加上成本较低、风险可控，在某个小区的缝隙市场里，是能够很好地生存下来的。我们把"缝隙市场"定义为适合"小强"门店生存的基本空间，中国那么多城市，每个城市那么多小区，小而多，多而强。在各路资本看不见、看不起可能也看不懂的地方，缝隙市场的潜力还是值得期待的。

小店经济:
社区小店凭什么持续获利与快速裂变

多店联盟与数据循环

社区小店不是单打独斗,而是数字化、网格化运作,是"小而强"。在居民生活消费争夺赛中,我们是高频打低频、高维打低维,这就是降维打击。我们不仅比传统模式的社区门店、便利店、夫妻店有更丰富的内容、更强的竞争力,甚至与7-11、全家这样深耕多年的强势品牌相比都毫不逊色。

从小店经济开始,大家要有数据思维,不应仍停留在产品思维。我们可以用数字化的"多店联盟"实现用户数据流转(小数据中台)和需求垄断。社区多店联盟是小店发展的新趋势,这种模式通过在一定范围内形成多家小店的协作网络,实现资源共享和联合运营。例如,一个小区内的多家小店可以共享供应链和物流体系,联合举办促销活动,甚至共享用户数据价值。

如果小店经营一段时间之后,建立了基本的信任关系,那么围绕整个社区就可以有两种演化方式:一种是投资建立很多新的小店,形成"多店联盟",可以是冠羚大集、V厨,也可以是宠物店、旅游店、生鲜店、药店等,为小区里的客户进行全方位的服务,"总有一款适合你";另一种是构建"斜杠"店铺联盟,通过数字化工具,在现有社区小店正常经营的基础上做加法，卖花的、卖卤料的、理头发的，各种类型的社区服务，只要是客户需要的，都可以采用社群团购、专属赠券、专业小程序等方式进行"导流"。

不管哪种方式，最终的目的都是为社区居民提供日常所需。此外，我们还规划了"1人e店"，不管有没有实体店，每个人都能以专业的小程序构建与客户的信任连接并实现销售。比如，专门卖鸡蛋的"定蛋蛋"，专门卖水果的"果篮旺"，专门做旅游的"虫儿飞"等。社区多店联盟不仅能降低单个店铺的运营成本，还能提升整个社区的商业竞争力。这种模式将进一步优化社区商业生态，让每个参与者都能从中受益。

这种联盟的核心在于"共荣共生"。每家小店既是独立的经营单元，又是整个社区商业生态的一部分。小店可以将数据分享给其他店铺，从而实现用户数据资源的高效利用。一家小店可能主打生鲜，另一家则侧重百货，但通过联盟的合作，两者可以互补，吸引更多消费者。不同的小店就是不同的数据入口，把这个社区居民的消费需求全覆盖，各类数据在小数据中台的系统上实现数据循环。

过去开店，每个商品都要挣钱，每家店铺都要挣钱。在数据循环之后，可以有一些商品不挣钱，另一些商品能挣钱就行；可以有一家小店不挣钱，另一家小店能挣钱就行。这

小店经济：
社区小店凭什么持续获利与快速裂变

种综合的竞争能力，就像战场上的"特种兵部队"，看起来三个、五个一组不起眼，却是真正的"十项全能"，有体系化的支持，实现"海陆空全覆盖"。这种生存能力是前所未见的强，我称之为"小强"。小强是很有生命力的，看不见，打不死，我们一个个最基层的社区小店就像小强一样，在大资本、大平台围追堵截的情况下，仍要葆有一股子不服输、不认命的精气神。因此，在竞争越严峻、市场越内卷的情况下，我们用这样的"小强思维"去创业创新，才越有机会。

如果一个创业者有30万元的初始资本，是开一家临街的像7-11、罗森这样的标准化品牌便利店，还是开10家藏在社区内部的、其貌不扬的社区小店？了解了小店经济的商业模式和发展逻辑后，这个答案就很明显。前者切入的是竞争激烈的中小型商超，马上面临着来自盒马、联华、美宜佳等同行的竞争，除非有强势零售连锁品牌加持（通常需要更多的资金），否则很难生存；后者切入的是缝隙市场，店面足够小，毫不起眼，同行可能是社区里面现有的传统模式的各类小店，此外几乎没有人会把你当对手。但是，一旦生存下来，平均每家小店就能收获500个有效的客户数据，10家店就是5000个有效数据，全心全意地服务好这5000个客户，在商业上进行转化就会成为一个很有想象空间的事情。这一点，我们已经在庄泰的商业实践中看到了结果。

邵总在分享小店经济的理念

周老师在大会上做分享

喜抱网丁总参加店长大会

冠羚大集经总在大会上分享

邵总给周老师颁发顾问聘书

兰州土总与客户亲如一家

临沂徐总在做小店规划

金华林总在直播间向客户推荐好商品

吴总在南京为小店精心选品

合肥宋总在小店调研

武汉阙总在冠羚大会上分享

苏州梁总在做主题分享

徐州袁总与店长工作交流

贵州徐总在大会上做主题分享

首期Ⅴ厨南京店长大会留影

第12期Ⅴ厨徐州店长大会留影

冠羚大集门店

小门店也很敞亮

冠羚大集门店活动

客户参加冠羚品牌活动

客户参加冠羚品牌活动

V厨小店南京集采分检中心

社区小店也很敞亮

社区小店外摆果蔬深受欢迎

创业者在认真聆听

客户给V厨门店点赞

客户在店长协助下排队买单

门店虽小,人流如织

Ｖ厨第四餐直播间

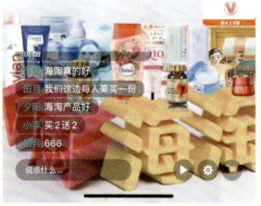
Ｖ厨海淘直播间

Ｖ厨星光大道直播间

每天上Ｖ厨直播间

冠羚大集直播间

冠羚大集直播间

V厨供应链见面会

供应链见面会的好品推荐官

供应链见面会的客户代表

供应链见面会的客户代表

供应链见面会现场交流

品牌供应链战略合作

Ⅴ厨小店消费助农活动枇杷专场

Ⅴ厨助农直播走进甘肃静宁

喜抱网获得高新技术企业证书

喜抱网获得助农嘉奖

喜抱网获得助农嘉奖

喜抱网获得助农嘉奖

喜抱网获得助农嘉奖

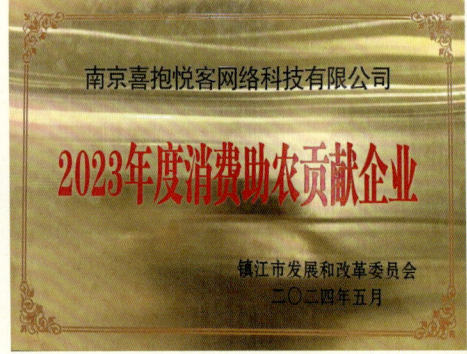

喜抱网获得助农嘉奖